本书系广东省中小学教师教育科研能力提升计划项目
《基于数学核心素养的中考试题研究》（2022YQJK306）的成果

比较视角下
数学核心素养的
解读与实践

林胜威　著

哈尔滨出版社
HARBIN PUBLISHING HOUSE

图书在版编目（CIP）数据

比较视角下数学核心素养的解读与实践 / 林胜威著
. -- 哈尔滨 ：哈尔滨出版社，2024.3
ISBN 978-7-5484-7770-9

Ⅰ．①比… Ⅱ．①林… Ⅲ．①中学数学课－教学研究
－初中 Ⅳ．①G633.602

中国国家版本馆 CIP 数据核字（2024）第 062753 号

书　　名：**比较视角下数学核心素养的解读与实践**
BIJIAO SHIJIAOXIA SHUXUE HEXIN SUYANG DE JIEDU YU SHIJIAN

作　　者：林胜威　著
责任编辑：韩金华
封面设计：树上微出版

出版发行：哈尔滨出版社（Harbin Publishing House）
社　　址：哈尔滨市香坊区泰山路82-9号　　邮编：150090
经　　销：全国新华书店
印　　刷：武汉市籍缘印刷厂
网　　址：www.hrbcbs.com
E-mail：hrbcbs@yeah.net
编辑版权热线：（0451）87900271　87900272

开　　本：710mm×1000mm　1/16　印张：10.75　字数：153千字
版　　次：2024年3月第1版
印　　次：2024年3月第1次印刷
书　　号：ISBN 978-7-5484-7770-9
定　　价：58.00元

凡购本社图书发现印装错误，请与本社印制部联系调换。
服务热线：（0451）87900279

序

国家课程标准是教材编写、教学、评估和考试命题的根本依据，是国家管理和评价课程的基础，体现国家对不同阶段的学生在知识与技能、过程与方法、情感态度与价值观等方面的基本要求，规定课程的性质、目标、内容框架，提出教学建议和评价建议。进入 21 世纪以来，义务教育阶段先后颁发了《全日制义务教育数学课程标准（实验稿）》（2001 年）（以下简称《课程标准（实验稿）》）、《义务教育数学课程标准（2011 年版）》（以下简称《课程标准（2011 年版）》）、《义务教育数学课程标准（2022 年版）》（以下简称《课程标准（2022 年版）》）三个版本的数学课程标准，体现了国家在不同时期对数学教育的理念和要求。其中，最突出的是"数学核心素养"概念从无到有的变化历程，也恰好体现了中国义务教育阶段数学教育改革的历程。

作为数学教育工作者，正确地、深入地解读《数学课程标准》（以下简称《课程标准》）是进行下一步工作的前提和基本要求。但《课程标准》作为纲领性文件，在具体要求及相关理念的表述比较抽象、精练。因此，数学教育工作者需要阅读相关的研究论文、学术专著、教材等资料，增进对课程标准的理解。为了进一步加深对《课程标准》的理解，特别是对"数学核心素养"的认识与理解，本书在以下两个方面进行了尝试与努力：

第一方面：比对

本书采用了两种方式对数学核心素养进行比对。一种是不同颁布时间版本之间的"前后比对"，目的是探寻不同版本之间变化背后的内在关联以及演变逻辑，发现新颁布的数学课程标准并不是对上一版本的颠覆，而是在前一版本基础上的完善与扩展，使得相关的理念更加突显和笃定、相关概念的内涵更加清晰、结构体系更加具有整体性。另一种是不同学段之间的"上下比对"（主要是 2022 年版），目的是探寻不同学段（小学、初中、高中）对于数学核心素养的培养要求，发现数学核心素养培养具有"阶段性"和"差异性"：小学阶段偏向于感性具体，突出的是意识方面；初中阶段偏向于理性具体，突出的是感悟方面；高中阶段偏向于理性抽象，突出的是能力方面。通过"前后"和"上下"的比对，希望读者能对数学核心素养的本质内涵、培养要求有比较全面的认识与理解。

第二方面：结合中考试题对数学核心素养进行审视

自 2000 年提出"素质教育"以来，对"应试教育"的质疑与批评从未间断过，甚至有人建议取消中考、高考的考试制度。但 20 多年过去了，中高考制度仍是当前最主要、最重要、最受社会认可的评价制度；不管承认与否，学校的教育教学一定程度上仍然围绕着"考试"。

自 2016 年提出核心素养的概念以来，"如何培养学生的核心素养，使学生具备适应未来发展的正确价值观、必备品格和关键能力"又成为教育教学的焦点和重点。但似乎鲜有人提及"因为考试而影响学生核心素养的培养"这样的观点，而"培养学生核心素养与中高考并不矛盾"的观点得到了更多的认可。人们认为，具备良好核心素养的学生肯定能应付中高考，而中高考成绩不好的学生的核心素养也好不到哪里去。在此，不能也不必对这样的观点与论述进行评判，因为，既然我们"移"不开"考试"这座大山，那么只能在这座大山的基础上进行教育教学，进行核心素养的培养了。当然，我们"移"不开"考试"这座大山，但是可以对其进行有目的的修整，使得学生在"翻山越岭"时具备"必备品格和关键能力"。

2019 年教育部发布的《关于加强初中学业水平考试命题工作的意见》指出，考试命题对学校教育教学具有重要引导作用，是健全立德树人落实机制、扭转不科学教育评价导向的关键环节，对于全面贯彻党的教育方针和发展素质教育具有重要意义。考试命题必须"依据课程标准科学命题"，而《课程标准（2022 年版）》的五个课程理念之一就是"确立核心素养导向的课程目标"。因此，中考数学试题在命制过程中必然会涉及数学核心素养。那么，数学试题能考查出学生的数学核心素养吗？数学试题又如何考查学生的数学核心素养呢？

本书第二方面的努力正是源于上面的认识与想法，在数学核心素养的"前后比对"和"上下比对"的基础上，结合中考试题对数学核心素养进行审视。基于试题的难易程度、区分度、各类解法的优劣等传统的分析方法，所得到的是试题的"知识维度"和"技能维度"两个方面的认识；而基于数学核心素养框架（或导向）的试题分析，则希望得到试题的"能力维度"和"素养维度"方面的认识。希望通过本人的努力，一方面为广大一线教师提供一种视角：数学教学要寻求"素养培养"与"应试教育"的统一；另一方面，为中考试题命题提供一些思考，即如何命制以数学核心素养为导向的中考试题。当然，更希望在课程改革探索过程中留下个人的足迹，寻找"素质教育"与"应试教育"融合的可能性。

由于本人水平有限，书中仍有许多不足，敬请读者批评指正。

2024 年 3 月

目 录
Contents

第1章 数感与量感

自 2000 年以后，我国义务教育数学课程标准共颁布了三个版本，分别为
《全日制义务教育数学课程标准（实验稿）》、《义务教育数学课程标准（2011
年版）》和《义务教育数学课程标准（2022 年版）》。本书是对三个版本的课程
标准中关于数学核心素养的对比（表 1-1）。

表 1-1 三个版本的课程标准关于数感与量感的内容描述

数感	《课程标准（实验稿）》	理解数的意义；能用多种方法来表示数；能在具体的情境中把握数的相对大小关系；能用数来表达和交流信息；能为解决问题而选择适当的算法；能估计运算的结果，并对结果的合理性作出解释
	《课程标准（2011 年版）》	关于数与数量、数量关系、运算结果估计等方面的感悟。建立数感：有助于学生理解现实生活中数的意义，理解或表述具体情境中的数量关系
	2022 年版（小学）	对于数与数量、数量关系及运算结果的直观感悟。能够在真实情境中理解数的意义，能用数表示物体的个数或事物的顺序；能在简单的真实情境中进行合理估算，作出合理判断；能初步体会并表达事物蕴含的简单数量规律。数感是形成抽象能力的经验基础。建立数感有助于理解数的意义和数量关系，初步感受数学表达的简洁与精确，增强好奇心，培养学习数学的兴趣
量感	《课程标准（2022 年版）》	对事物的可测量属性及大小关系的直观感知。知道度量的意义，能够理解统一度量单位的必要性；会针对真实情境选择合适的度量单位进行度量，会在同一度量方法下进行不同单位的换算；初步感知度量工具和方法引起的误差，能合理得到或估计度量的结果。建立量感有助于养成用定量的方法认识和解决问题的习惯，是形成抽象能力和应用意识的经验基础

第1节 数感与量感的对比

数感在 2001 年的《课程标准（实验稿）》中首次提出，在《课程标准（2011 年版）》中作了修订，《课程标准（2022 年版）》基本延续了 2011 年的内涵界定与意义表述，出现的新变化是将"感悟"改为"直观感悟"。对于什么是"感悟"？什么是"数感"？从 2001 年到 2011 年，学者进行比较深入的研究与讨论，形成了三种不同的观点，分别是态度意识说、直觉能力说和活动感悟说（详见本章第 2 节《数感的修订变化与内涵认识》）。直观是指通过对客观事物的直接接触而获得感性认识的一种方式。当代著名数学家徐利治教授指出，直观是借助于经验、观察、测试或类比联想，所产生的对事物关系直接的感知与认识。将"感悟"改为"直观感悟"，强调的是对于"数与数量、数量关系及运算结果"的直接感知，而不是经过逻辑推理得到的结果。另一个变化是，《课程标准（2022 年版）》是将前两版的内容进行了综合。既界定了数感的内涵（《课程标准（2011 年版）》的内容），又描述了数感的外延（《课程标准（实验稿）》的内容），还增加了数感的作用与意义：建立数感有助于理解数的意义和数量关系，初步感受数学表达的简洁与精确，增强好奇心，培养学习数学的兴趣。

《课程标准》首次提出"量感"的概念，目前对量感的解释主要有以下 5 种不同观点：①量感指通过视觉和触觉对物体的大小、速度等方面的感觉，是对于物体物理量的最感性的认识。量感是一种思维直觉，也是一种"量"的直接反馈。②量感是数感的下属观点，该观点是将量感作为数感表现的一部分。③量感指的是学生在实际情境中主动地、自觉地理解和运用"量"的态度和意识。它是一种对"量"的直觉对"量"的敏感性，对"量"的直接反映，是指不使用测量工具对某个量的大小进行推断，或推断用某个单位表示的量与哪个实际物体的大小相吻合的一种感觉。④量感是基于本能的观察与行动方式。David Wagner、Brent Davis 等人认为人类出生后就具备对数量和距离的感知能力。⑤量感是从数学的视角通过数量关系、图形关系抽象出数学本质的能力。

由于量感是首次提出，不能从纵向对比的角度去理解其内涵，但可以通过和数感进行横向比较，以认识其基本内涵。下面从对象、方式、能力、作用四个方面进行对比（表 1-2）：

表 1-2 数感与量感的对比

	数感	量感
对象	数与数量、数量关系及运算结果	事物的可测量属性及大小关系
方式	感悟	感知
能力	（1）理解数的意义； （2）用数表示物体的个数或事物的顺序； （3）合理估算，作出合理判断； （4）体会并表达事物蕴含的简单数量规律	（1）知道度量的意义，能够理解统一度量单位的必要性； （2）选择合适的度量单位进行度量，进行不同单位的换算； （3）初步感知度量工具和方法引起的误差，能合理得到或估计度量的结果
作用	（1）数感是形成抽象能力的经验基础； （2）建立数感有助于理解数的意义和数量关系，初步感受数学表达的简洁与精确，增强好奇心，培养学习数学的兴趣	建立量感有助于养成用定量的方法认识和解决问题的习惯，是形成抽象能力和应用意识的经验基础

◎1.1 对象

量感是对"事物的可测量属性及大小关系"的直观感知。事物的可测量属性包括多个方面，如物体的大小、多少、长短、高低、轻重、移动快慢、密度、酸碱性等。在这些可测量的属性中，一类不需借助测量工具而可以直接感知，如大小、多少、长短、高低、移动快慢；一类是需借助测量工具进行检测的，如轻重、密度、酸碱性。而量感是一种直观感知，那么就是指"不需借助测量工具"而对"事物的可测量属性"的感知。也就是对事物的大小、多少、长短、高低、移动快慢的直观感知。这对应上述的第①种量感观：指通过视觉和触觉对物体的大小、速度等方面的感觉。而数感的对象包含数、数量、数量关系和运算结果四个方面。史宁中认为，数量是有实际背景的关于量的多少的表达，是对现实生活中事物量的抽象；数是对数量的抽象，数的关系是对数量关系的抽象。运算结果则是对数进行操作后的结果。可见，数感的对象不再是事物的属性，而是在具体事物基础上抽象出来的数量，在数量基础上抽象出来的数，以及对数操作的结果。因此，从所"感"的对象来看，量感和数感有比较大的区别，量感的对象是事物的"本有属性"，具有客观性；而数感的对象是对具体事物在数量上抽象的结果，具有主观性。可以认为，量感是数感的前提与基础，因为数感能力既依赖于人类生而具备的本能，也需要通过大量的具体实物操作〔如数（shǔ）数（shù）〕和数量感知（如比较大小）的实践。

◎1.2 方式

感知是意识对内外界信息的觉察、感觉、注意、知觉的一系列过程，可分为感觉过程和知觉过程。感觉是人脑对直接作用于感觉器官的客观事物的个别属性的反映；知觉是感觉器官对直接作用于其上的刺激物各种特性或各个部分的综合反映。虽然感知过程伴随有个人的内在心理活动，但首先是客观事物通过感觉器官在人脑中的个别或综合反映。因此，量感是感觉器官对"事物可测量属性及大小关系"的反映，依赖客观事物而进行。数感是一种"感悟"，虽然有基于外界刺激作用于主体而产生的"感"，但更多是通过感知后所获的"悟"。数感的"活动感悟说"侧重于数学活动后的"感悟"，是一种对数学活动有意识、有目的的归纳反思。可见，量感的进行方式侧重于个人的感性感受，即"所见即所感"；数感的进行方式侧重于感受之后的感悟，即"所想即所感"。

◎1.3 能力

若将量感界定为"不需借助测量工具"而对"事物的可测量属性"的感知，那么这种"不借助测量工具"的感知必然带有很大的"模糊性"和"难以描述性"。人可以直观地感知事物 A 比事物 B 长（量感的感性阶段），但很难精确地感知 A 比 B 长多少（量感的理性阶段）？高博豪等认为，量感的发展由低到高可分三个阶段：①感性阶段，尚未形成标准的测量方法与估测意识，具有明显的个体差异性与非标准性；②理性阶段，可以使用规范的测量工具进行目标物理量的测量，进而可以使用"数字＋度量单位"的方式规范表达量感结果，具有一定的标准性与严谨性；③辨析阶段，可以理清不同维度量感之间的区别与联系，能够结合选用不同的测量工具进行复杂的测量，并根据物理量的客观联系进行合理估测，进而严谨表达一个系统中的量感结果并说明其中的关系。量感的能力要求是在感性经验的基础上，将"感性的量感"升华为"理性的量感"，再上升到"辨析的量感"。数是数量的抽象，因此"理解数的意义"应作为数感的第一个能力要求，然后再操作和运用数进行一系列的数学活动："表个数""排顺序""估算与判断""表达数量规律"。

◎1.4 作用

抽象能力主要是指通过对现实世界中数量关系与空间形式的抽象，得到数学的研究对象，形成数学概念、性质、法则和方法的能力。根据课程标准的表述，数感与量感相同的作用是作为抽象能力的经验基础。数与数量的抽象顺序为：具体事物（一群羊）→事物的数量（5 只羊）→数（5）→变化的数（a）。数学学习研究的对象需是从现实世界中抽象得到的数学概念、性质、法则和方法，这就需要在对"数量关系"感性经验的基础上进行抽象与概括。因为数感的对象已经在一定程度上脱离了具体事物的量，上升到可表示所有事物的量的抽象数字。因此，获得良好的数感的人必然会更深刻地理解"数"及"数量关系"的内在意义（使人的思维可以脱离具体事物的束缚，也使得数学成为思维的科学），当然还可以感受到数学强大的表达力量（为其他学科提供精确的、简洁的语言）。量感的发展顺序是从感性阶段到理性阶段、再到分析阶段。感性阶段的量感的特征是尚未形成标准的测量方法与估测意识，具有明显的个体差异性与非标准性，即"非定量"。理性阶段的量感的特征是可以使用规范的测量工具进行目标物理量的测量，具有一定的标准性与严谨性，即是"定量"。因此，从感性量感到理性量感的发展，也是从"非定量"的认识到"定量"的认识，建立量感有助于养成用定量的方法认识和解决问题的习惯。

第2节 数感的修订变化与内涵认识

◎2.1 问题背景

数感作为数学核心素养之一，在2001年的《课程标准（实验稿）》中第一次提出，当即引起了广泛的关注和激烈的讨论。《课程标准（2011年版）》对数感进行了修订，明确了数感的内涵，研究方向从内涵研究转向实践研究。但一线教师承担着培养数感的主要任务，对数感内涵的理解却是模糊的。有学者通过对近五百名小学一线教师有关数感内容的调查与访谈发现，90%以上的教师知道数感这一核心概念，但不知道"数感"是什么。有教师认为，数感是比较模糊的，有些数学内容甚至"只可意会，不可言传"。"数感"一词已提出了十年有余，它一直徘徊在教学的边缘。这或许是教育部在2019年连续发布两份重要文件的原因。第一份是《中小学幼儿园教师培训课程指导标准（义务教育数学学科教学）》，它指出：中小学数学教师培训的依据是《课程标准》的理念和目标，培训目标（一级指标）的确定主要参考《课程标准》划分的各内容领域；第二份是教育部《关于加强初中学业水平考试命题工作的意见》，它指出取消《初中学业水平考试大纲》，严格依据义务教育课程标准进行科学命题。因此，无论从国家课程改革要求出发，还是为满足一线教师教学的需要，我们都有必要对数感概念进行回顾与审视。

◎2.2 数感认识模糊的可能原因

数感之所以会引起学者的争议以及一线教师的模糊认识，除了因英文的翻译而造成的歧义（无论是从内容的角度还是从英文原文的角度，都不支持"数感"与"符号感"的提法，建议改为"数观念"与"符号观念"），更主要的原因是不同观点的双重叠合。

2.2.1 心理学与教育学的叠合

1954 年，Dantzig 首次提出数感的概念，并且将数感看作一种对细小的数量变化的直觉感受。1980 年，美国心理学家 Prentice Starkey 对 16 周到 30 周的婴儿做实验发现：婴儿能觉察到 2 个点到 3 个点的数量变化，这种觉察点数量变化的能力，婴儿不可能在出生后几个月时间内从外界环境学到，而应该是一种人类遗传能力。由此可见，作为心理学术语的数感，指的是一种对小数量物体变化的先天感觉；作为数学教育术语的数感采用与心理学术语相同的名词表述，但教育的目的与功能是促进人的发展。那么在教育学中数感则不应局限于这种先天的数量感觉能力，而应该包括通过后天的学习而形成的能力。如美国 2000 年的"美国数学课程标准"就将 Number Sense 的能力水平分为四个层次：脱离实物用数进行思考；能把数与实物模型联系起来；能进行较为复杂的有关数的推理；能自然地发现和使用运算性质和认识等量代换等性质。由此可见，数感一词既有来自心理学的意义，也有教育学方面的思虑，这就造成了对其认识的模糊。不过，这也揭示了对数感的认识和培养既要基于心理学的发现和认识，也要站在促进人能力发展的角度上。

2.2.2 意识形态与学科教学的叠合

《课程标准》作为国家教育的纲领性文件，是学科教学的标准与导向，必然包含有国家意识形态，也蕴含着"培养什么人、怎样培养人、为谁培养人"等根本问题的思考。因此，对数感的认识与理解必须结合国家教育方针政策，即结合国家的意识形态。在以培养学生的核心素养为目标的要求下，数感作为《课程标准》明确注重培养的六大素养之一，必然成为学生能够适应终身发展和社会发展需要的必备品格和关键能力。另外，数感作为数学教育名词，必然要以数学学科为背景，要实施数感的培养首先要弄清楚数感在数学学科中的地位与作用以及其与其他数学能力的关系。从学术层面讲，数感是一种数学感觉？还是一种数学能力？抑或是一种数学观念？对数感的认识与理解既要基于数学学科的发展研究，又要结合国家各时期教育的意识形态及价值取向。

◎2.3 数感表述修订的两个变化

2.3.1 数感表述的变化

在初次提出数感之时，国内对其了解不多，缺乏系统深入研究，主要是参考了西方国家的论述，如 2000 年美国的《学校数学课程与评估的标准》中指出，"Number Sense"是伴随着学生对数、数的表示方式、数之间的关系和数系统的理解以及数运算、运算律等的理解和运用而逐步发展的。《课程标准（实验稿）》只是指出数感的外延，未对其内涵进行界定。经过近 10 年的实践与研究，我们对数感的认识逐渐清晰，与此同时，教育理念随着课程改革的深入也发生了相应变化，因而对数感的理解也有所变化（表 1-3）。

表 1-3 两个版本的课程标准对数感描述的比较

《课程标准（实验稿）》	《课程标准（2011 年版）》
理解数的意义；能用多种方法来表示数；能在具体的情境中把握数的相对大小关系；能用数来表达和交流信息；能为解决问题而选择适当的算法；能估计运算结果，并对结果的合理性作出解释。	数感主要是指关于数与数量、数量关系、运算结果估计等方面的感悟。建立数感有助于学生理解现实生活中数的意义，理解或表述具体情境中的数量关系。

通过对比，修订前后对数感的描述出现了内容的"减"与"增"的变化：

（1）"减"。修订后的数感删减了"多种方法表示数""选择适当的算法"和"对结果的合理性作出解释"的表述。首先，"多种方法表示数"是数的表示方式，属于符号的表示与运用，修订后将它纳入"符号意识"：能够理解并且运用符号表示数、数量关系和变化规律。其次，"选择适当的算法"和"对结果的合理性作出解释"实质是对算理的理解、对合理简洁算法的寻求和对运算结果的估计，修订后将其纳入"运算能力"。经过删减调整，收缩了数感外延，使数感的范围由松散变得集中，对象的指向也更加明晰。

（2）"增"。在"数"基础上增加"数量"成为"数与数量"，数量是有实际背景的关于量的多少的表达，是对现实生活中事物量的抽象；数是对数量的抽象，数的关系是对数量关系的抽象。例如，数字"1"是基于对"1支粉笔""1个苹果""1朵花"……的抽象；"1<2"是基于"1支粉笔比2支粉笔少""1个苹果比2个苹果少"……的抽象。可以说，对"数"意义的感悟是以"数量"为基础，计算技能（如"数数"）的习得也始于对实物数量的操作（如"点手指"或"数石子"）。这种变化说明，对数感的理解已不限于数感的能力要求，同时增加了对数感来源的认识。另一方面，既然对"数"意义的理解源于生活实践，那么"实践活动经验（也包括数学活动经验）"就是获得数学知识、数学技能、数学思想方法的前提，这恰好也体现了课程标准的理念由"双基（基本知识、基本技能）"向"四基（基本知识、基本技能、基本思想、基本活动经验）"的转变。

2.3.2 价值取向的转变

在《课程标准（实验稿）》颁布之前，没有提出数感的概念，义务教育阶段的数学教学注重基础知识的教学、基本技能的训练（双基），对学生数学能力的评价主要以数学知识的掌握程度和数学技能的熟练程度为基准，教育价值取向处于"知识立意"阶段。《课程标准（实验稿）》首次提出数感培养，主要表现为"理解数的意义；能……并对结果的合理性作出解释"。这是一种功能性的表述，也就是通过数感的培养学生应具有什么能力、达到什么水平，是一种"能力立意"的价值取向。这反映出当时中国教育对"高分低能"的摒弃，开始注重学生素质能力的培养，是"素质教育"的肇始。《课程标准（2011年版）》对数感的表述为"数感主要是……的感悟"，是一种概念性的表述，指出数感是什么，从某种程度上讲，素养不是直接教出来的，而是学生自己悟出来的。那么通过数感的培养让学生有"感悟"，"感悟"所得内化成有助于学生终身发展的必备品格和关键能力，就成为学生的数学核心素养，这符合"素养立意"的教育价值取向。所以，以课程标准的颁布为时间节点，我国教育价值取向可分三个阶段：知识立意阶段、能力立意阶段、素养立意阶段（图1-1）。在素养立意之下的数感培养，不能凭一道题、一次训练、一节课就能达成，而应贯穿整个数学学习的始终，渗透于数学教学的各个方面。并且数感的培养又可以促进学生数学的学习，成为学生数学能力形成的基础和关键。

图1-1 我国教育价值取向阶段划分

◎2.4 数感内涵认识的三个维度

2001—2011年，许多学者从不同视角对"什么是数感"展开研究，得出许多不同观点和认识，大致分为三种：态度意识说、直觉能力说和活动感悟说。

2.4.1 态度意识说

持有此观点的学者认为，数感是一种主动地、自觉地或自动化地理解数和运用数的态度与意识；数感是对数字关系和数字模式的意识，以及运用这种意识灵活地解决数字问题的能力。学生具有"数感"的典型特征就是他们能够对其所面对的数字模式、数字关系和计算过程进行归纳，并能够把新知识和已有知识联系起来。

在心理学上，态度是指由认知、情感、意向三个因素构成的、比较持久的个人的内在心理倾向；意识是指人以感觉、知觉、记忆和思维等心理活动过程为基础的系统整体，对自己身心状态与外界环境变化的觉知和认识。因此，数感是指人对"数字、数字关系、数字模式"的一种主动或自动的觉知，是运用"数字"（或"数学"）思考问题的心理（或思维）倾向。具有数感的人，常常将有关问题与数联系起来，用数学的方式思考问题。而所谓"用数学的方式思考问题"，按美国学者 Grouws 的观点，是指形成数学化和抽象化的数学观点，运用数学进行预测的能力，以及运用数学工具解决现实问题的能力。根据何小亚教授的观点，数学意识是个体在思考问题时在数学方面的自觉意识或思维习惯，是用数学的眼光看世界的具体内容。那么，将"数感"称为"数字意识"或"数学态度"，可能更能反映其本质及内涵。

2.4.2 直觉能力说

持有此观点的学者认为，数感是一种"直感"能力，是对于客观事物和现象数量方面的敏感性及相关的鉴别（鉴赏）能力。狭义的数感就是数字感，即人脑对于数字或数字运算定律的直觉；广义的数感就是数学感，即人脑对于数学对象的直觉。

直感即直觉，直接感觉。直觉是不经过有意识逻辑推理而识别或了解事物的能力。与之相对的是逻辑分析能力、有意识的认知加工活动。认知心理学的研究发现，人脑中并存着两种不同的信息加工系统，即有意识加工与无意识加工。其中，无意识加工是一种基于技能与经验的自动化的、无需意志努力的加工，直觉属于无意识认知加工。所以，人可以快速地预测问题的答案，但又往往"说不清、道不明"得到答案的具体过程。数感是对数的直觉能力，在不经过精确的计算加工或逻辑推理之前，就能感知数的大小、估计运算结果、灵活选择算法等。这种对数字的"直觉"能迅速地反应成数学问题，使数学问题从感知层面敏捷地链接到数学思维，从而有助于形成问题解决策略。

2.4.3 活动感悟说

持有此观点的学者认为，"数感"是对数的"感悟"。"感"是外界刺激作用于主体而产生的，是通过肢体（如感官等）而不是通过大脑思维，它含有原始的、经验性的成分；"悟"是主体自身的，是通过大脑思维而产生的。"感悟"既通过肢体又通过大脑，因此，既含有感知的成分又有思维的成分。数感的建立开始更多地依靠经验的积累，到一定程度后靠经验、理性的叠加，而后形成观念。

既然外界的刺激作用产生"感"，那么"感"是指"感觉"。感觉是指大脑对直接作用于感觉器官的客观事物的个别属性的反映。数字符号是一种抽象的形式化语言，在没有理解其含义之前，它只是一种毫无意义的图形，当然无法引起人体感觉器官的"注意"或"感觉"。那么，对"数"的感悟可能指的是对"数学活动"的反映之后的"悟"。皮亚杰的反思性抽象理论指出，在儿童对物质世界的感知和行动上有两种不同的抽象形式：一是经验性抽象，直接来源于客观对象本身及性质；二是伪经验性抽象，来自作用在客体对象上的行动。"悟"是一种"伪经验性抽象"，是对"数学活动"的抽象、归纳、反思。所以，"感悟"不是指"既通过肢体又通过大脑""既含有感知的成分又有思维的成分"，而是指对数学活动的抽象、归纳、反思，从而形成对数学知识、方法、思想的领悟。这可能更符合史宁中所述"感悟"的本意："这里之所以用'感悟'这个词，是因为有许多能力不是仅仅通过书本的学习就能获得的，而是需要实践并在实践中有意识、有目的地反思，这就是一种感悟。"

2.4.4 内涵认识的三个维度

以上三种学说围绕着对"感"的理解而展开，各有所侧重。"态度意识说"

侧重于经过数学学习而形成对"数（或数学）"的主观态度，是一种数学方面的自觉意识或思维习惯（或心理倾向）。"直觉能力说"侧重于数的先天直觉，是一种无意识、非逻辑的直觉能力。"活动感悟说"侧重于数学活动后的"感悟"，是一种对数学活动有意识、有目的的归纳反思。虽然修订后用感悟对数感作表述，但数感的内涵不是单一"活动感悟说"的内容，而是三种学说的融合。

首先，对"数量和数量关系"的感悟是侧重于"物体个数多少"的直观判断，属于人的"直觉能力"，是数感的基础。其次，"感悟"既是行为动词（指感受的过程），也是结果名词（指领悟的结果）。例如，对一幅画的"看""观"是感的过程，欣赏之后的"美的感受、情感的升华"是悟的结果。所以，"感悟"既指对"数学对象"和"数学活动"体会、体验的过程，也指对"数学对象"和"数学活动"所蕴含的道理（思想方法）"悟"到的结果。最后，"悟"是有意识、有目的的反思归纳，可以使人的认识从特殊上升到一般，从而有助于形成更高层次的"数学态度意识"，是数感培养的目标。因此，可从三个维度认识数感的内涵：以形成数字"态度意识"为目标；以"活动感悟"为过程；以"直觉能力为基础"（图 1-2）。

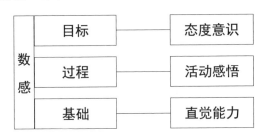

图1-2 数感内涵认识的三个维度

◎2.5 数感培养的两个方面

数感是关于"数与数量及数量关系、运算结果估计等方面"的感悟。对"数与数量"的认识必然涉及"数量关系"，因此，可结合数感内涵认识的三个维度，从"数与数量及数量关系"和"运算结果估计"两方面探讨数感的培养。

2.5.1 数与数量及数量关系

如前所述，人类有觉察小数量物体变化的本能。这是进行"数与数量及数量关系"学习的基础。绝大多数的数概念可以从现实生活中找到模型，如自然数产生于数数；分数可看作整体与部分的关系；负数的意义可解释为"亏损""零下""逆向"或者"相反"；无理数可以看作不可公约的量；复数则可以用于平面定位。"数与数量及数量关系"的教学往往借助于情境和活动，建立现实模型和数字的联系。例如，如果只是指着数字符号"4"对学生说"4"，然后跟读，这样建立的只是符号和读音的关系；如果只是指着数字符号"4"对学生说"4字像红旗"，然后学生练习书写，这样建立的只是符号和图形形状的关系；而将4个苹果、4支铅笔和4本书让孩子看、数，再认识数字符号"4"，这样建立的是现实数量与数字符号的关系。

对数的理解始于对现实物体数量的抽象，但作为独立的、可操作的思维对象，必然经过这样的逐级抽象：对物体的数量直觉→基于实物的数字抽象→脱离实物的数字抽象→基于数量关系的符号抽象。在逐级的抽象过程中，也完成对数符号、数意义、数表示、数关系的认识与理解。而对数与数量、数的认识、数的意义、数的表示这一系列定义的本质其实就是达成建立抽象的数和现实中的数量之间的关系的目的。那么，通过逐级抽象对"数与数量及数量关系"的感悟更为核心的目标是建立数学与现实世界的关系，也是用数学的眼光观察现实世界、用数学的思维分析现实世界、用数学的语言表达现实世界。从目标、过程、基础三个维度对《课程标准（2011年版）》中"数与数量及数量关系"内容及要求整理成（表1-4）。

表 1-4 "数与数量及数量关系"的三个维度

目标	建立数学与现实世界的关系			
	学段	经历抽象过程	学习目标要求	抽象类型
过程	第三学段（七至九年级）	体验从具体情境中抽象出数学符号的过程	有理数、实数、代数式、方程、不等式、函数（理解）	基于数量关系的符号抽象
	第二学段（四至六年级）	体验从具体情境中抽象出数的过程	万以上的数（认识）；分数、小数、百分数（理解）；负数（了解）	脱离实物的数字抽象
	第一学段（一至三年级）	经历从日常生活中抽象出数的过程	万以内的数（理解）；分数和小数（认识）；常见的量（理解）；	基于实物的数字抽象
基础	对物体的数量直觉			

2.5.2 运算结果估计

沈威等认为，数学估计是主体结合实际情境运用已有的数学经验产生一个相对快速且满足一定条件的数学判断的心理加工过程。从产生的结果角度将数学估计分为定量估计和定性估计：定量估计是获得一个量的判断，包括估数（与数字、数量大小判断有关）、估算（与数学计算有关）、估测（与长度、面积、重量、温度和价格等有关）三种；定性估计是获得一个猜想、思路或方法等非量的判断。定性估计有三个表现：猜想、对解题模式或解题方法的估计、统计估计。估算涉及理解数字大小、小数与分数系统、修正调整数字的能力，而这些能力均包含在数意识的几项特征中，因此，估算与数意识密切相关。综上所述，数感所说的对"运算结果估计等方面"的感悟，应侧重于估算。

吴增生等认为，人脑有两个数学认知加工系统：一个是估算系统；另一个是精算系统。而精算系统和估算系统又是基于语言符号，由人的客体归档系统和数量模拟系统进化而来。数量模拟系统是基于比率的客体运动、位置、距离、形状、大小等空间信息数量化加工能力；估算指在一些估算策略的基础上，通过观察、比较、判断、推理等认知过程，获得一种概略化结果。那么，在估算能力的培养过程中，就要以人类的数量模拟系统为基础，从学生最熟悉的身边事物出发，获得关于运动、位置、距离、形状、大小等方面的估算经验和估算策略。

《课程标准（2011 年版）》中"对大数的估计"就分两个学段进行：第一学段是在"生活情境"中感受大数的意义，与之对应的是例如 3:1200 张纸大约有多厚？你的 1200 步大约有多长？1200 名学生站成做广播操的队形需要多大的场地？第二学段是结合"现实情境"感受大数的意义，与之对应的是例如：如果一个人的寿命是 76 岁，这个人一生的心跳大约有多少次？光速大约是 30 万千米 / 秒，光从太阳到达地球大约需要多长时间？如果把 100 万张纸叠加起来，会有珠穆朗玛峰那么高吗？第一学段的生活情境：厚度可见的纸张、长度可测的步长、位置距离可感的列队，为进行估算心理操作提供生活情境以及经验性策略。第二学段的估算虽有现实背景，但需要进行复杂的认知心理操作。沈威等研究了《课程标准》对数学估计能力培养的重点与规律后认为：第一学段的培养重点是定量估计的估测和估算；第二学段要以定量估计为主，以定性估计为辅；第三学段要将定量估计和定性估计并重。

估算课程内容在《课程标准（实验版）》和《课程标准（2011 年版）》中的确定和保持，标志着对估算教育价值的认可。但在估算教学和学习过程中存在着为"估算"而"估算"的现象，具体表现是：为什么学估算？学估算有什么用处？在什么情况下用精算、什么情况下用估算？这其实是估算教学目标的迷失与错位。估算得到的是概略化结果，在只有标准答案的考试体制下无法体现与评估，仍沿用与精算同样的目标则无所适从。但估算能力却影响生活的方方面面，小的方面如个人的生活起居、由路程的估算而确定出发时间；大的方面如国家政策方针的制定、对国家人口数量变化的预测而制定二孩政策。所以，对估算教学的目标取向是逐步积累估算经验，掌握常用的估算方法，丰富估算策略库，养成良好的估算意识。毕竟日常生活中经常遇到的是估算而不是精确的计算，估算可以使数字与真实生活情境联结起来，这样就不至于使数字失去意义。

◎2.6 结语

从"双基"出发的中国数学教育始终在发展之路上，逐渐形成有中国特色的数学教育。有特色，是因为中国数学教育承载着落实"立德树人"根本任务、发展素质教育的功能；有特色，是因为中国数学教育勇于架起传统与发展之间的桥梁。数感从提出至今将近二十年，仍然在路上，回顾数感的变化历程，重新审视数感的内涵，架起传统与发展之间的桥梁，使人们对数感的认识从"了解"到"理解"，为其在教学中被"运用"奠定基础。

[拓展阅读]

大数据时代的小数字感：
数据再有价值，别人听不懂照样没用

目前，"大数据"概念已经深入人心，很多人都喜欢谈论大数据。而我们利用数据，其中一个很重要的目的在于，用之为决策提供支持。因此，如何有效地呈现大数据给出的结果，并把数据以"人话"的形成说出来，并让受众（很可能是你的上司）听得懂，就显得非常重要。

想做到这一点，就得迎合人性，或者，更具体点说，要迎合人类大脑的特征。

1. 一部经典电影引出的数字感

如果你看过巴里·莱文森导演的经典奥斯卡电影《雨人》（*Rain Man*），或许你不会忘记其中一个非常有意思的桥段：在餐馆里，患有自闭症的哥哥（达斯汀·霍夫曼饰），面对散落一地的牙签，只需目测就能将其分成三小堆，并能很快给出每一小堆牙签的数量：82，82，82，然后又瞬间心算出牙签总数：246。

哥哥的心算能力的确不错，可他高超的数字感能达到82，更是惊为天人。

当然，这仅是影视作品，我们知道，影视作品通常是基于生活而高于生活的。那么在真实的生活场景中，我们普通人又是什么样的呢？数字感又是个什么东西呢？

在进行解释之前，请读者快速浏览一下图1-3，不用数出来，告诉我，你看到了多少张人物脸谱？

图1-3 数字感测试

相信绝大部分人，都能瞬间给出正确的答案：5 张！而无需用从 1 数到 5。美籍数学家托拜厄斯·丹齐克（Tobias Dantzig）指出，这就是一种"数字感（Number Sense）"，亦称数（shù）觉，它是一种不通过数数，就能一眼看出物之多寡的感觉。

2. 乌鸦也有数字感

这种原始的数字感，在很多动物身上也有体现，如鸟类。丹齐克在其著作《数：科学的语言》中，就提供了一个有趣的例子：

有一只乌鸦，在一个庄园主的望楼里筑巢，园主十分恼火，决心打死这只乌鸦，但他尝试了多次，都没有成功，因为人一旦靠近，乌鸦就非常警惕地飞离了巢穴，远远地待在树上，耐心地等人离开望楼，然后再飞回巢穴（图 1-4）。

图1-4 乌鸦的数字感

有一天，园主心生一计：决定让两个人同时走进望楼，然后留一个潜藏其内，另一个出来走开。但这个乌鸦并不上当，它还是等着，直到第二个人出来。

这个实验一连做了几天：两个人，三个人，四个人，都没有成功。最后，用了五个人。也像前几天一样，五个人先一起进望楼，然后留一人潜藏其内，其他四个人走出来。这次奏效了，乌鸦的数字感终于"失灵"了。也就是说，集合变大后，乌鸦已经无法辨别四与五的差别，因此它马上飞回巢里，然后就被留在望楼的人逮个正着。

3. 人类的数字感有多强？

"数字感"是动物的基本心理特征之一。丹齐克指出，"一种比鸟类高强不了多少的原始数觉，就是我们有关数字概念的核心。"

但是，我们能将这种数字感（数觉），和人类的其他五种感觉（视觉、听觉、嗅觉、触觉和味觉）相提并论吗？

答案：还真能！

在 2013 年 9 月 6 日的《科学》杂志上，荷兰乌得勒支大学（Utrecht University）研究小组，对这一问题实施了深入研究。这项研究表明，我们的大脑，有一个固定的区域来处理数字感，从而使得我们具备不用计数就能感知数目的能力。事实上，我们人人都是具备第六感的。这项研究打破了原有关于大脑的界限：大脑的一边负责处理来自感觉器官的刺激，另一边负责管理抽象概念（如数字）。

数字，在本质上是人类是对实物的一种抽象。人类接受这种抽象的能力经历了非常久远的年代。英国著名哲学家伯特兰·罗素（Bertrand Russell，1872—1970）针对数的抽象性，总结道："仅仅在文明的高级阶段上，我们方能以一串数（自然数串）作为我们发现的起点。在远古时期，发现一对锦鸡和两天，都是数字"2"的实例，一定需要很多时代。其中所包含的抽象程度确实不易达到。"

作为高智慧群体，人类相比于其他动物，这种数字感相对较强。但这个"相对性"也是非常有限度的，在目标个数超过 7 个时，人类的这种感觉也会明显下降。

读者可以尝试看图 1-5，在第一列中，无论黑点的大小或形状如何变化，你都能一眼判断目标的数量为 1。在第二列中，也没有问题，你也可以很快判断目标数量为 4。而在第三列，你可能就没有那么容易在不数数的情况下得出答案为 7。当目标元素的个数继续增加，人类的这种引以为自豪的数字感，或者说对抽象数字"浑然天成"的理解，就会迅速衰减。

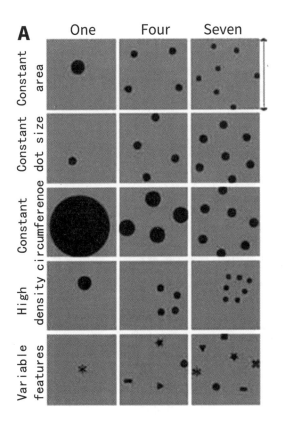

图1-5 不同个数元素的数字感测试

（资料来源：《科学》）

4. 从数字感得出什么启发

从上面的讨论，我们能得出什么启发呢？那就是，如果你想让你的受众，一点也不费力地理解你的数字，你最好换个说法，尽量用 10 以下的数字来描述。

比如，在加多宝广告里，最好不要给出一个海量数字自夸销量，例如说，在中国，我们每天售出 312458 罐加多宝（无法得到准确数字，此处仅为说明问题，而虚构了一个大数字）。而更好的说法可能是："中国每卖 10 罐凉茶，就有 7 罐加多宝！"这里，我们不去争论其中的是非曲直，但后者用小数字，明显更能打动消费者，因为这样的小数字，他们更容易听懂！

再比如说，如果你是医生，要叮嘱尿路结石的患者，每天要喝 1500 mL 水。这样冰冷的数字，患者很容易无感。但是换一种说法，对患者说，你每天喝 3 瓶农夫山泉的水量，患者的记忆效果就会好很多。

另一个方面的启发是：说到底，人还是一个感性居多的动物。人类用了几百万年的进化，才对小于 7 的数字有瞬间秒懂的数字感。而理解更为复杂的数据，必须越过更高的认知壁垒，才能对客观数据对象建立相应的心理图像，完成认知理解过程。

5. 结语

由此，我们可以得知，数据是理性的，而给人震撼的却是感性，而连接感性和理性的途径是受众的数字感和数字的可视化。

数据再有价值，别人听不懂，照样没用。抓住人性特征，充分利用人的数字感和可视化青睐，以良好的数字呈现方式，可以让冰冷的数字瞬间"活过来"。

在大数据时代，对于数字，数据科学家们懂，不算懂。大家懂，那才叫真的懂。

第2章 符号意识

数学符号最本质的意义在于它是数学抽象的结果。在数学学习中，无论是概念、命题学习还是问题解决，都涉及用符号去表征数学对象，并用符号去进行运算、推理，得到一般性的结论。在这个过程中，数学符号对于学习者来说主要的还不是潜意识、直觉或感觉，而是一种主动的使用符号的心理倾向。将"符号感"改为"符号意识"在其意义和价值取向方面与数学符号的本质意义要求更加吻合（表2-1）。

表2-1 三个版本的课程标准关于符号意识的内容描述

《课程标准（实验稿）》	能从具体情境中抽象出数量关系和变化规律，并用符号来表示；理解符号所代表的数量关系和变化规律；会进行符号间的转换；能选择适当的程序和方法解决符号所表达的问题
《课程标准（2011年版）》	符号意识主要是指能够理解并且运用符号表示数、数量关系和变化规律；知道使用符号可以进行运算和推理，得到的结论具有一般性。建立符号意识有助于学生理解符号的使用是数学表达和进行数学思考的重要形式
《课程标准（2022年版）》	符号意识主要是指能够感悟符号的数学功能。知道符号表达的现实意义；能够初步运用符号表示数量、关系和一般符号规律；知道用符号表达的运算规律和推理结论具有一般性；初步体会符号的使用是数学表达和数学思考的重要形式。符号意识是形成抽象能力和推理能力的经验基础

第1节 符号发展历史

数学是一个符号化的世界，数学符号是数学抽象思维的产物，是数学思想交流与传播的载体。在一定意义上说，没有优越的符号，就不可能有近代和现代数学。德国数学家克莱因（Klein）曾说："如果没有专门的符号和公式，简直就不可能有现代数学。"

著名的数学教育家弗赖登塔尔认为，生物学上"个体发展过程是群体发展过程的重现"这条原理在数学学习上也是成立的，即数学发展的历程也应在个人身上重现，这才符合人的认识规律。因此，要认识数学符号的意义与作用，发展学生的符号意识，就有必要了解数学符号的产生和发展历史。

在数学发展的历史长河中，从具体的量抽象出一般的数，是第一次抽象；随着生产的发展、生活的需要，第一次抽象出来的数不够用了，必然会引起数学史上的第二次抽象，即由自然的"算术语言"走向抽象的"代数语言"。"用字母表示数"是由"算术语言"向"代数语言"过渡的起始，是学生学习代数知识的主要内容，也是学习方程、不等式等内容的重要基础，它打破了从"确定的数"到"不确定的数"之间的壁垒，实现了由算术向代数的重大跨越。19世纪德国数学史家内塞尔曼将代数学的发展过程分成三个阶段：文辞代数、缩略代数和符号代数。

◎1.1 文辞代数

文辞代数亦称"修辞代数"，通常是指在代数学发展的早期，人们还不会使用符号表示未知数，所有的问题完全靠语言文字来表达和解决，因此，文辞代数阶段要表述清楚一个代数问题，往往会用文字写成长长的一段。

最早的代数被发现于苏美尔人（约公元前3000年）的黏土片上，最早的代数语言是古巴比伦人（约公元前1900年）在使用苏美尔人的旧教材过程中产生的。古巴比伦人常用"us"（长）、"sag"（宽）、"asa"（面积）这些字代表未知量，比如，他们的"已知长乘宽的面积10，问长和宽分别是多少"，就相当于现在的 $xy = 10$。显然，这里的未知量"长、宽"，已知量"面积10"，并不一定是它们原来所代表的几何量，只不过是两个未知量及其乘积的简便说法。而古埃及人把未知数用"哈乌"（*hau*）表示，意思是一堆不知道数量的谷物。他们在数学著作《兰德纸草书》（约公元前1650年）中论及食品和其他东西分配的问题时，出现了简单的方程。

到了古希腊时期，毕达哥拉斯学派（公元前 6 世纪）的数学家们研究了多边形数，由于他们仍然在确定的数的范围内进行研究，不知道用字母表示数，所以对于某一个具体的多边形数，他们可以十分清楚地表述，但对于"任一三角形数""任一正方形数"等表示一类的量，却无法用统一的文字表述，更不会有"任意多边形数"的表达。即便是大数学家欧几里得，虽然在其所著的《几何原本》（公元前 3 世纪）中，把线段的名称用一个或两个字母表示，但他同样不会用字母表达"任意多个"，依然只能用烦琐的文字来说明其观点。

公元 820 年左右，阿拉伯数学家花拉子米写了一本书《代数学》，书名直译是"还原与对消的科学"。在书中，花拉子米引入了"还原""对消"等解方程的专门术语，但他依然是用文字表述解方程的过程，例如，把一个正方形的面积加上其一边长度的 10 倍等于 39 时，此正方形的边长是什么（即 $x^2+10x = 39$，求 x）？他的解答为："把所加边长的倍数除以 2 得 5，把该数自乘，得乘积 25，把此数与 39 相加，得 64，取此数的平方根得 8，从该数中减去边长倍数之半剩下 3，此即所求正方形的边长，因而所求正方形面积等于 9。"直到 13 世纪初，意大利数学家斐波纳契在《计算之书》中，仍然是用文字来说明二次幂和的求法。甚至 16 世纪的意大利数学家塔塔利亚，为了不让自己遗忘所发现的、用语言叙述的三次方程的求根公式，费尽心机，自编长诗帮助记忆……没有字母的代数，叙述起来是多么不容易啊。

◎1.2 缩略代数

缩略代数又称"缩写代数"，以引入字母表示数为典型特征，是指用相应词语的缩写字母来简化文字叙述运算，以使代数的思路和书写更加紧凑、更加有效。

公元 250 年左右，希腊数学家丢番图在著作《算术》中，首次创造并使用了一套缩写符号，用来简化文字叙述运算。比如用 p 代表 plus（加），m 代表 minus（减）等，特别是用符号 ξ 来表示未知数并用于计算，是摆脱文辞代数的束缚进入缩略代数阶段的标志。因为在用字母表示数的希腊计数制度中，字母 a、β、γ……表示的都是已知自然数 1、2、3……只有字母 ξ 还没有用来表示自然数。丢番图把未知数称为"未确定单位的数"。用字母来表示未知数这一思想的确立。这无疑使代数学前进了一大步。到了公元 7 世纪，印度数学家和天文学家婆罗摩笈多也创造了一套表示未知数的符号，与丢番图不同的是，他用梵文颜色名的首音节来表示未知数。

在中国，早在秦汉时期，数学家们为了编制历法，就已经开始对一些方程进行研究，那时的人们用"天、上……仙"九个字分别表示未知数的正幂，用"地、下……鬼"九个字表示负幂，用"人"表示常数项。以后经过简化，到了 1248 年，金代数学家李冶在其著作《测圆海镜》中，系统论述了一种用数学文字符号列方程的方法——天元术，明确用"天元"表示未知数一次项，"立天元一为未知数"相当于现在的"设未知数为……"，用天、地表示未知数的正次幂和负次幂，规定正幂在上，常数和负幂在下。在天元术中，多项式用分离系数法和位值制表示：在一次项旁记一"元"字或在常数项旁记一"太"字，其他项的幂次视与"元"或"太"的相对位置而定。欧洲数学家直到十六、十七世纪才做到这一点。丢番图、婆罗摩笈多、李冶等数学家用缩写的字母或文字来表示未知数，推动了代数学的发展。但正是因为他们是用缩写的方法解题，所以每一个方程都只能按照其本身的特点和细节，用特殊的字母代替题中的已知数，导致每一道题都只能有一种特殊的解法。因此，丢番图解方程是一题一法，有人说："即便你看懂了他解 100 个方程的方法，但还是不知道怎样解第 101 个方程。"婆罗摩笈多关注的也只是对应颜色表示的未知数是什么，而不是未知数之间的一般关系。因此，他们只是在字母表示数的类型与方程解的一般性上作出了贡献，还没有达到用字母表示数的最一般的规律，即"一般量"或"一类量"（任意的已知量或未知量）的高度。

◎1.3 符号代数

16 世纪,法国数学家韦达受战场上破译密码的启发,在积累前人经验的基础上,有意识地、系统地使用字母表示数,实现了代数学最重大的历史性的突破。1591 年,在他的成名作《分析方法入门》一书里,引入元音字母 A、I、O 等表示未知数,辅音字母 B、C、D 等表示已知数。同年,韦达在《美妙的代数》一书中,用字母符号表示未知数和已知数进行运算,从而区分算术和代数。他在书中写道:"本书将辅以某种技巧,通过符号来区分未知量和已知量,这就是一种永久性质的、易于理解的符号体系。"他不仅用字母表示未知量和已知量的乘幂,而且用来表示一般的系数。韦达将这种新的代数称为"类的算术",以区别于旧的"数的算术",从而使代数一下子成为研究方程的普通方法。

韦达之后,法国数学家费马用字母表示曲线方程,大写元音字母表示变量,大写辅音字母表示常量。1637 年,法国数学家笛卡儿认为韦达创造使用的未知量和已知量符号不够简洁明快,在他的里程碑式作品《几何学》(1637年)中,采用小写字母,并将字母表中靠前的字母,如 a、b、c 等表示已知数或常量,靠后的字母 x、y、z 等表示未知数或变量,初步建立了代数符号系统,发展成为今天的习惯用法。但韦达、费马和笛卡儿所用字母表示的数,都是表示正数。1657 年,荷兰数学家赫德首先提出字母既可以表示正数,又可以表示负。从此以后,数学家历经 2000 多年努力所创造的用字母表示数的方法,便贯穿于全部数学中。由此,数学在表达方法、解题思想和研究方法方面都发生了深刻的变化。有了字母表示数,代数学中的代数式、代数方程便出现了。

数学的历史并非如我们想象中那么一帆风顺。因此,在学生符号意识的培养过程中也不可能一蹴而就,而要遵循人类群体发展历程。例如,学生面对以下问题:

爸爸的年龄比小红大 30 岁,小红 1 岁时爸爸 31 岁,小红 2 岁时爸爸 32

岁……那么小红出生后任意一年爸爸几岁？

对此，学生或是表示不了，或是不敢写 $a+30$。原因是"小红出生后的哪一年不知道，就对应不出爸爸的年龄"，认为 $a+30$ 只是一个运算列式，而答案应该是一个数字。为了化解这个难点，可以采取三个步骤：

第 1 步，先用文字语言过渡：小红年龄 +30 岁 = 爸爸的年龄；

第 2 步，再用图形符号过渡：用 $\Delta+30$ 表示爸爸的年龄；

第 3 步，用字母表示爸爸的年龄：$a+30$。

这三个步骤的表示，符合代数符号系统发展的三个阶段：文辞代数、缩略代数和符号代数，也符合学生个体认知发展。

第 2 节 符号意识的内涵与认识

◎2.1 国外的研究

国外学者将"符号意识"视为一种能力，并对这些能力进行具体划分。费（Fey）曾指出数学符号意识应包括：

（1）认知与鉴别技能：对于以数学、图像表示的数学模式，能粗略估计其分析表达式，鉴别以某个法则表示某个模式是否恰当。

（2）估算技能：对以某种符号法则表示的某种函数（如幂函数）的函数值作出非正式的估计与比较。

（3）验算与预测技能：对运算结果作出算术估计，或对已进行的运算的正确性作出判断。

（4）选择技能：对一个特定问题，从几个等价的解答形式中确定最合适的形式。

阿卡维（Abraham Arcavi）认为数学符号意识包括理解并应用符号去表达隐性的数量关系、一般化以及证明、知道数学符号的取舍、数学符号的操作和解读、符号之间的转换关系、数学符号的选择与替换、数学符号意义的解释，符号意识主要包括六种成分：

（1）符号相关性。主要包括对符号的理解和审美能力，知道怎么用、什么时候用符号表示隐藏的关系与证明条件等；

（2）在解决代数问题时，要能读懂符号表达式所蕴含的意思并能熟练地进行运算；

（3）要有用符号关系表达言语和图象中信息的意识和顺利地设计符号表达式的能力；

（4）具有选择最适当的符号表征问题的能力；

（5）在解决问题的某一个步骤或检验结果时要有检查符号含义的意识，关于预期结果中符号的多种含义能依据自己的直觉作出比较；

（6）领会在不同情境下符号所起的不同作用，并发展对符号的直觉感。

◎2.2 国内的研究

朱立明和马云鹏认为，数学符号意识即学习者在思维（具体表现为数学思维）的引导下，对数学知识与数学符号之间抽象对应关系的一种积极主动的心理活动（内隐性），在通过数学符号的感知与理解、运算与推理、交流与表达等数学思考方式解决数学问题的过程中所表现出来的与数学符号相关的一种数学核心素养（外显性）。

鲍建生和周超认为符号意识包括以下几个层面：（1）运用符号去表示数学的意义和结构；（2）能够理解符号所表示的意义和结构；（3）对符号进行演算（包括等价变形）;（4）运用符号进行思维，从而发现新的数学意义和结构。

黄翔提出符号意识的四个维度：符号理解、符号操作、符号表达、符号思考。对学生的符号意识要求有三个方面：

（1）能够理解并且运用符号表示数、数量关系和变化规律。即对数学符号不仅要"懂"，还要会"用"。

（2）知道使用符号可以进行运算和推理，得到的结论具有一般性。此要求的核心是基于运算和推理的符号"操作"意识。这涉及较多的类型，如对具体问题的符号表示、变量替换、关系转换、等价推演、模型抽象及模型解决等。

（3）使学生理解符号的使用是数学表达和进行数学思考的重要形式。这又引出了两个除符号理解和操作外的要求，即基于符号的表达与思考。

第3节 学生符号意识发展水平与现状

对小学和初中数学教材中的数学概念、数学符号、数学图表、数学公式、数学定理、数学关键词进行分类统计，小学生平均每学期需要学习 42 个新符号，而初中生每学期需要学习 120 个新符号，几乎是小学生学习量的 3 倍。但是，随着年级的升高，数学符号学习的数量急剧增加，形式越来越简洁，意义越来越复杂，学生的数学符号意义获得能力却仍处在低水平，没有得到相应提升，无法获得数学符号丰富的数学意义是学生害怕、讨厌数学，感觉数学难学的主要原因，也是学生数学学习困难的根本原因。

◎3.1 符号学习困难的原因分析

3.1.1 没有理解数学符号的意义

数学是由概念和命题构成的符号体系，数学符号的抽象性使学生不能立即产生兴趣，往往还因其抽象难懂而产生沮丧心情。在教学中我们经常发现不少学生在学习数学符号时只进行简单的机械记忆，而不理解符号的真正含义，弄不清数学符号之间的相互关系以及新旧知识之间的内在联系，或者使新旧知识产生了错误的联系，或者他们根本就没有想去寻找新旧知识之间的联系，对于符号所表示的新概念在所处的知识结构中的位置不明确。

3.1.2 负迁移

迁移是一种心理现象，是一种学习对另一种学习所产生的影响。认知心理学认为，有意义的学习过程是原有知识不断同化新知识的过程。在这个过程中，学生已有认知结构是决定新的学习的最重要的原因之一，它制约和规定了学习的进程，如果认知结构的功能出现偏差或某个认知环节有缺陷，便会出现学习中的负迁移。学生对新的数学符号死记硬背、理解不透，不善于区分相近或相似的知识，思维定势的消极影响，教师的教学方法死板、强调不够等都会使学生产生负迁移。

3.1.3 缺乏语言转化能力

数学学习不是被动地、简单地接受信息，而是将接收的信息与头脑中已有的信息进行加工、分类，并按照自己的建构方式进行建构，而输出的是已改变了的信息。于是，当一种数学语言与头脑已有的相关信息作用，就会得到另一种语言，即将语言进行了转译。由于符号语言的语义侧重于数学意义，而数学意义的理解是人的内化了的心智活动过程，同时又因人而异，因而有内隐性的歧义性。有些学生在不同表达形式的数学语言之间，或在不同表达形式的数学语言内部进行转换时产生了困难。数学语言转换障碍主要体现在图象语言、符号语言和文字语言相互转换的障碍上。但是，同一种表达形式的数学语言内部的转换障碍也值得注意。我国教育研究者发现，数学学习困难的学生对数学语言的各种等价形式或者表示形式掌握不多。这使得数学语言间的等价转换不能自动进行，常需要他人的帮助。

3.1.4 缺乏数学语言识别的能力

数学符号是数学抽象思维的产物，也是数学思维活动的物质载体。符号能暗示信息，许多数学问题，其条件大多隐含在符号背后，数学符号以其独特的思想内容暗示着信息，引导学生审视数学符号，提高对数学符号暗示信息的捕捉能力，挖出隐含条件。使学生既能探求解题思路、解决数学问题，又能养成缜密思考的习惯。然而，有些学生不能识别数学语言的基本属性及其暗示的信息，存在数学语言识别障碍。他们或者不能识别数学语言的基本属性及其所表示的数学对象，或者不能识别符号语言的暗示功能，从而不能根据符号的暗示信息采取正确的解题策略。

◎3.2 符号意识发展水平

朱立明、马云鹏通过调查研究指出，我国义务教育阶段学生数学符号意识可划分为四个发展水平：

3.2.1 经验观察水平（一、二年级）

学生表现特征是数学符号意识具有可感性与具体化。具体表现为学生可以通过整体来辨认数学符号，并区分不同类型的数学符号（如字母、图形、关系式等）；学生能够借助具体事物，用标准的或者不标准的名称对数学符号进行直观性描述；学生知道数学符号的独特性，但无法解释数学符号的本质内涵，无法利用数学符号的特征对数学符号进行概括的论述，如学生知道字母和数字是不同的，但是不能理解字母可以表示一类数量。

3.2.2 本质内化水平（三、四年级）

学生表现特征是数学符号意识具有深刻性与特殊化。具体表现为学生能够理解数学符号的意义，并以此分析数学符号所代表的本质与非本质内涵；学生能够解释同一个数学符号在不同数学情境下的意义，但无法建立不同数学符号之间的关联；学生能够脱离具体事物，模仿数字将数学符号作为运算对象，并对其进行运算，但无法解释所得结果的一般性，如学生在符号运算的时候，不再关注"□"是苹果还是橘子，是 5 还是 6。

3.2.3 理性辩证水平（五、六、七年级）

学生表现特征是数学符号意识具有逻辑性与形式化。具体表现为学生能够建立不同数学符号之间的相互关联，形成数学符号的网络结构，可以利用特例尝试的方法提出猜想，并在特例的基础之上，利用数学符号得出一般规律和结论；学生能够利用数学符号进行演绎推理、论证和猜想，能够比较同一个定理不同的符号论证方法；学生能够利用数学符号解释论证所得结果的一般性。

3.2.4 结构普适水平（八、九年级）

学生表现特征是数学符号意识具有整体性与模式化。具体表现为学生能够利用数学符号建立模型或者法则，并在一般意义上表达具体的数量关系；学生能够实现不同数学符号表达之间（如字母、图形、表达式等）的相互转化，并比较不同符号表达之间的优点与缺点；学生能够利用数学符号进行符号思考，在解决问题的过程中，实现数学符号作为现实世界与数学世界之间联结的价值。

第 4 节 学生符号意识的培养

学生符号意义的获得应贯穿于教学的全过程，为培养学生符号意识，教师在教学中应遵循建构性、方法性两大基本原则：（1）建构性原则。教师课堂教学应尽可能减少课堂讲授和模仿练习的比重，通过精选例题和习题，引导学生对新知识进行深入而全面的意义建构，将新知识与学生的已有知识建立广泛的联系，形成系统的认知结构；（2）方法性原则。教师要重视符号意义获得方法的教学，使学生知道怎样阅读、怎样思考，逐渐在符号学习中养成良好的思维习惯和意义建构能力。

◎4.1 理解符号的意义

学生在使用符号的过程中,逐渐产生了对符号的直观感觉和经验(符号感),符号意识就是在这种直观感觉和经验基础上形成的。因此,教学中,要借助于大量的实例,让学生去体会数学符号所代表的意义。比如,在引入方程模型时,通过银行贷款、打折销售、手机话费等现实情境,让学生去体会方程的意义,同时,在解决问题的过程中,体会方程的价值。正如著名数学教育家弗赖登塔尔曾指出:学生必须有意识地使用代数语言,不仅学会使用公式,还要知道为何这样用而不是那样用,否则代数将成为无意义的游戏。

◎4.2 增强语言的转换能力

数学符号是数学的语言,是人们用数学解决问题的工具。使学生懂得符号的意义也是学习数学的目的之一。在问题的解决过程中符号感通常和数感、函数感、图表感等相互联系。在数学教学中,需要加强学生用不同语言表达问题的转换能力。"转换"具有两个侧面:

一是将自然语言转换为数学符号语言,也就是"数学化"。笛卡儿认为,任何问题都能转化为数学问题,任何数学问题都能转化为代数问题,任何代数问题都能转化为解方程问题,通过计算化思想实现问题的解决。例如,方程是把文字表达的条件改用数学符号,这是利用数学知识来解决实际问题的必要程序。

二是将数学语言译为自然语言。如完全平方公式 $(a-b)^2 = a^2 - 2ab + b^2$,用自然语言表达是"两个数差的平方等于这两个数的平方和减去这两个数的积的两倍"。尽管复杂,但是却有助于学生理解公式的意义。由心理学知识可知,学生能用自然语言复述概念的定义和解释概念所揭示的本质属性,那么他们对概念的理解就深刻。符号意识的培养应从符号表示数开始,在符号的运用中提高发展,在符号的转换中迁移升华。

◎4.3 弄清符号的由来、本质和意义

由于数学符号的抽象性和特定的含义，教师在引入新的数学符号时：

首先，应注重符号来源的介绍。数学中有很多特定的数学符号，如 Σ、$\approx$、$\perp$、$\because$、$\therefore$ 等，每一种数学符号不仅有特定的意义，而且都有其来历。教师应在教学中予以介绍。这样可以消除学生对符号的陌生感，加强其对符号的理解和记忆。

其次，教师应在课堂内外提供一些包含有较丰富数学符号的问题，同时让学生进行一些变式练习。简化 "$a+4a＝?$" 很容易，但如果把算式换成了 "$\blacklozenge +4 \blacklozenge ＝?$"，许多学生就不能正确解决，造成这样的原因就是学生不理解 $\blacklozenge$ 会所代表的意义。再如 $a \blacktriangle b＝a \times b+a$，则 $3 \blacktriangle 4＝?$ 用符号来表示运算，这样，学生就不会死记课本中的公式，而是结合具体问题加以解决。

最后，学生的学习是个性化的过程，应将"积累学生基本活动经验"作为一项重要的目标。因此，在学生学习代数这部分内容时，应充分调动学生的积极性，使他们由个性化的认识转变为一般规律性的理解。比如，我们列方程 $25 \odot +375＝0$，教学中也可以尝试人让学生使用自己喜欢的符号，那么学生会列出多样化的方程来，如 $25 \star +375＝0$，或者 $25 ♀ +375＝0$，还可能是 $25 \odot +375＝0$，等等。这样一方面可以丰富学生的符号意识，另一方面通过设定的问题情境使学生明白数学符号所代表的意义。最后，让学生统一认识，未知的用 x 表示。这样就能获得一种方程的表达形式。正是基于这样的一个丰富的个性化的过程，学生才能更好地理解符号公式，体验符号的实质意义和深化对新知识的理解。

第3章 抽象能力

由于在《课程标准（实验稿）》与《课程标准（2011年）》都没有明确提出抽象能力素养概念，所以这里将《课程标准（2022年）》的"抽象能力"与《普通高中数学课程标准（2017年版2020年修订）》的"数学抽象"进行对比，以认识抽象能力的内涵及其发展路径（表3-1）。

表3-1 《义务教育数学课程标准（2022年版）》与
《普通高中数学课程标准（2017年版2020年修订）》"数学抽象"对比

《义务教育数学课程标准（2022年版）》	抽象能力	抽象能力主要是指通过对现实世界中数量关系与空间形式的抽象，得到数学的研究对象，形成数学概念、性质、法则和方法的能力。能够从实际情境或跨学科的问题中抽象出核心变量、变量的规律及变量之间的关系，并能够用数学符号予以表达；能够从具体的问题解决中概括出一般结论，形成数学的方法与策略。感悟数学抽象对于数学产生与发展的作用，感悟用数学的眼光观察现实世界的意义，形成数学想象力，提高学习数学的兴趣
《普通高中数学课程标准（2017年版2020年修订）》	数学抽象	数学抽象是指通过对数量关系与空间形式的抽象，得到数学研究对象的素养。主要包括：从数量与数量关系、图形与图形关系中抽象出数学概念及概念之间的关系，从事物的具体背景中抽象出一般规律和结构，并用数学语言予以表征

从两个版本的课程标准对抽象的表述可以发现，数学抽象是从现实世界中抽取"数量关系"和"空间形式"，而舍弃其他性质特征，也就是用"数学眼光"观察世界。这与"数学是研究数量关系和空间形式的科学"的界定是一致的。从现实世界所抽象出来的"关系"与"形式"作为数学研究的对象，是数学研究的基础。在此基础上所得到的有两方面内容：①数学概念及概念之间的关系，例如，基于盈亏关系得到的正数与负数概念；②数学规律与结构，例如，基于直角三角形三边长度的测量得到勾股定理，再用数学符号表征为 $a^2+b^2=c^2$。因此，在《课程标准（2022 年版）》第 1 页的课程性质对数学的起源、研究对象、获得结果、作用等有非常精辟的论述：

数学源于对现实世界的抽象，对数量和数量关系、图形和图形关系的抽象，得到数学的研究对象及其关系；基于抽象结构，对研究对象的符号运算、形式推理、模型构建等，形成数学的结论和方法，帮助人们认识、理解和表达现实世界的本质、关系和规律。

第 1 节 概念简述

数学源于现实世界，最终也回归到现实世界，形成现实与数学之间的循环，在解决现实问题的同时，也促进了数学的向前发展。例如，17 世纪欧洲随着生产力水平提高，力学与技术水平得到了较大提高，为适应社会生产需要，从更高层次向数学提出了新要求与挑战，把运动问题作为数学研究主要方向，从而产生变量的观点，进而函数概念就产生了，随后产生了数学两个重要研究领域，即解析几何、微积分。

同时，数学以抽象的结果作为研究对象，在数学内部也形成了独立的数学世界，在解决数学内部的问题与矛盾的同时，也促进了数学的向前发展。自然数得到最早认识，经过斗争才出现零与负数，如不引进这些数，那么遇到数的减法就不能完成；除法是在引进分数后使乘法有了逆运算而产生的，从此解决了许多实际问题；接着又遇到了是否所有数量都可以用有理数来表示问题，最终出现了无理数，化解了数学第一次危机，使逻辑学得到发展、几何学达到系统化；求方程解的过程中引入了虚数，当时被人们认为不现实，但它解决了实数所不能完成的问题，为虚数争取到了存在的意义；同样，从欧几里得几何发展到多种几何体系也是数学内部矛盾运动的结果。数学内部的问题与矛盾解决流程如图 3-1 所示：

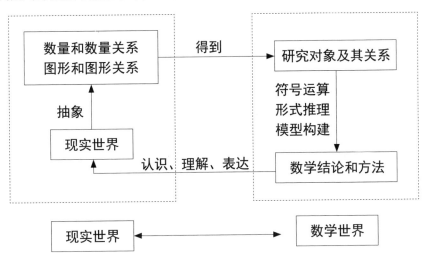

图3-1 数学内部的问题与矛盾解决流程

有学者提出，"数学抽象"其实就是荷兰数学家、数学教育家弗赖登塔尔（Freudenthal）提出的"数学化"的部分内容。数学化（mathematization）是整理现实性的过程，包括数学家的全部组织活动，比如公理化（axiomatization）、形式化（formalization）、图式化（schematization）、建模（modeling），以及数学内部由低级向高级的推动过程。这里的"现实性（reality）"是指真实世界（real-world）和数学世界（math-world）的总和，不能望文生义地理解为真实世界、现实世界。数学化被分成两种：一是水平数学化（horizontal mathematization），即从生活世界中抽象概括出数学概念、数学原理等数学模式的过程，是从"生活世界"到"数学世界"的转化过程。二是垂直数学化（vertical mathematization），即从现有的数学世界中抽象概括出更高级的数学模式的过程，是从低层数学到高层数学的过程。国内外同行早已认同了弗赖登塔尔的观点：学数学就是学习数学化，教数学就是教数学化。数学化的学习就是学习数学化的过程，即学习如何进行公理化、形式化、图式化、模型化，以及学习在数学内部由低级向高级的发展过程。

第2节 抽象与概括

"抽象"拉丁文为 abstractio，原意是排除、抽出。在自然语言中，把不能被人们的感官所直接把握的东西，也就是通常所说的"看不见，摸不着"的东西，叫做"抽象"。在科学研究中，我们把科学抽象理解为单纯提取某一特性加以认识的思维活动。数学抽象就是单纯提取事物"数量关系与空间形式"这一特性并加以认识的思维活动。如果以抽象内容为区分标准，可分为表征性抽象和原理性抽象：

①表征性抽象，以可观察的事物现象为直接起点，对物体所表现出来的共同特征的抽象。例如，物体的形状、重量、颜色、温度、波长等。表征性抽象是对物体某一物理性质的抽象，概括物体的某一表面特征，得到的是数学概念及概念之间的关系，如直线、三角形、平面等概念属于表征性抽象。

②原理性抽象，在表征性抽象基础上形成的一种深层抽象，是对事物因果性和规律性的把握，所得到的是数学规律与结构，如勾股定理。

科学抽象一般分为分离、提纯、简略三个环节。①分离，就是暂不考虑所要研究对象与其他各个对象之间的各种联系。②提纯，就是在思想中排除那些模糊基本过程、掩盖普遍规律的干扰因素，从而使我们能在纯粹的状态下对研究对象进行考察。③简略，就是对纯态研究的结果所必须进行的一种处理，或者说是对研究结果的一种表述方式。例如，由北京师范大学出版社出版的《义务教育教科书 数学 九年级 上册》中第六章第1节的《反比例函数》中提供的实例：导体中电流与电阻的关系变化，在引入课本之前，就已经进行了分离，将影响导体电流的其他联系（如温度、距离等）分离出去；其次是提纯，测量误差在实验过程中是客观存在的，会对基本数量关系造成干扰，因此也需要进行排除；最后是简略，用数学符号将所研究的关系表达出来。现在的数学课本，为了减少学生自主探索时间，使学生更好地把握所蕴含的数量关系，往往对现实情景进行了初始的抽象。学生在此基础上再进行归纳概括，得到新的概念、规律。因此，抽象是概括的基础。康德在他的著作《纯粹理性批判》中指出，按抽象的阶段来分，抽象过程分为简约、符号、普适三个基本阶段：①简约阶段，即把握事物的本质，把繁杂问题简单化、条理化，并能够清晰地表达。②符号阶段，即去掉具体的内容，利用概念、图形、符号、关系表述包括已经简约化了的事物在内的一类事物。③普适阶段，即通过假设和推理建立法则、模式或者模型，并能够在一般的意义上解释具体事物。

在教学层面上，抽象可分以下几个层面：

①实物抽象：以实物为对象进行抽象。

例如，计算"25+7＝？"，在学生初次学习"两位数加一位数的进位的加法运算"时，需要对"十位"进行抽象。借助于"十根木棍一捆"这个实物操作，25 表示两捆木棍，另有 5 根木棍（差 5 根木棍即可组成一捆），另有 5 根木棍。一共几根木棍呢？借助实际操作，学生很自然地从 7 根木棍拿出来 5 根，与另外 5 根组成 1 捆，余下 2 根木棍，得到 32 根木棍。这就是将 7 分成 5 与 2 的和，而 5 与 25 凑成 30。这是最朴素的"凑十进位"，而这里的"一捆"就是最直接、最形象的"十位"，属于典型的借助实物进行"抽象"。

②半实物半符号抽象：有关的属性已经从实物中"提取"出来、抽象出来，但没有完全脱离实物，处于半实物半符号阶段。

例如，借助圆形时钟研究圆的基本性质。此时的"圆形时钟"看得见、摸得着，已经是具有鲜明的"圆"的特征，为进行抽象提供了思维原型。而数学中的"圆"是没有厚度的，只是一个缝补曲线，其边缘没有厚度，不包括边缘线所围的区域，是理想化、抽象化的"圆"，在现实中并不存在。此层次的抽象，既一定程度上依赖实物，又脱离了实物，具有符号化特征。

③符号抽象：已经去掉了具体的内容，利用概念、图形、符号、关系表述包括已经简约化的事物在内的一类事物。

例如，在自然数抽象的基础上，进一步抽象得到分数，再抽象得到有理数，再抽象得到实数；以实数为对象再抽象，得到代数式；以代数式为对象的再抽象得到函数。如此，形成逐级抽象的概念体系。

④形式化抽象：这就是"普适阶段"的抽象，即通过假设和推理建立法则、模式或者模型，并能够在一般的意义上解释具体事物。

例如，小学、初中的数学有两个基本关系，即总量＝单价 × 数量；总体＝各部分之和。"除以一个数等于乘以这个数的倒数"，其本质在于"总量＝单价 × 数量"的变式"总量 ÷ 份数＝一份的量"。这个过程是一种形式化的操作过程，是在已有的定理法则基础上的进一步抽象。

概括是在比较和抽象的基础上，把抽象出来的事物的共同的本质特征综合起来，并推广到同类事物上去的过程。根据概括水平的不同，分为初级概括和高级概括。初级概括是在感知觉或表象水平上的概括，表现为根据具体经验抽取事物的共同特征或联系，总结某类事物的共同属性；高级概括是在把握事物的本质特征的基础上进行的概括，所有科学概念和定理都是高级概括的产物。

概括是由较小范围的认识上升到较大范围的认识（由特殊到一般），是由某一领域的认识推广到另一领域的认识（类比认识），因此概括是科学发现的重要方法。对于抽象与概括，何者更应为数学核心素养？有学者撰文指出，抽象是数学的特点之一，但不是数学所特有的。逻辑学、哲学、文学、艺术中的"抽象"俯拾皆是。概括性才是数学更本质的特点。抽象是过程手段，是概括的基础，而概括才是最终的目的，理解数学概念、原理的本质不是理解抽象性，而是理解数学概念、原理的概括性或"通杀性"。

在全国各地的中考试题中的规律探究题，就是考查学生的概括归纳能力。例如，2020 年安徽省中考数学第 17 题：

观察以下等式：

第 1 个等式：$\dfrac{1}{3} \times \left(1 + \dfrac{2}{1}\right) = 2 - \dfrac{1}{1}$，

第 2 个等式：$\dfrac{3}{4} \times \left(1 + \dfrac{2}{2}\right) = 2 - \dfrac{1}{2}$，

第 3 个等式：$\dfrac{5}{5} \times \left(1 + \dfrac{2}{3}\right) = 2 - \dfrac{1}{3}$，

第 4 个等式：$\dfrac{7}{6} \times \left(1 + \dfrac{2}{4}\right) = 2 - \dfrac{1}{4}$，

第 5 个等式：$\dfrac{9}{7} \times \left(1 + \dfrac{2}{5}\right) = 2 - \dfrac{1}{5}$。

……

按照以上规律，解决下列问题：

（1）写出第 6 个等式；

（2）写出你猜想的第 n 个等式（用含有 n 的等式表示），并证明。

我国著名心理学家林崇德先生十分注重学生概括能力的培养，他认为任何科学研究的目的都在于概括研究中所获得的东西，并提出了培养学生概括能力的措施：①明确概括的主导思路，引导学生从猜想中发现，在发现中猜想；②要为学生概括提供丰富恰当的材料，并把概括的东西具体化；③通过变式、反思、系统化，积极推动同化、顺应的深入进行；④大力培养形成抽象的能力，通过语言描述，根据假定进行概括。

其实，很多时候，人们提到的是"抽象概括"能力，也就是将"抽象"与"概括"合二为一，其被当作一种基本的能力素养。因为"抽象"出事物的本质特征，是为了更好地"概括"事物的共同特征，也就是说"抽象"的目的是"概括"。同时，人们要想概括出事物的共同特征，首先进行的是对事物的"抽象"，也就是说"抽象"是"概括"的前提与基础。"抽象"与"概括"是同一思维认知过程的两个阶段，只有"抽象"没有"概括"，就认识不了事物的普遍性；没有"抽象"就进行不了"概括"。因此，个人认为，不能将本属同一思维过程的两者强行割裂为两种不同的思维能力，"重抽象轻概括"与"轻抽象重概括"同样不可取，都不利于真正培养学生的数学素养。

第 4 章 运算能力

由于《全日制义务教育数学课程标准（实验稿）》对运算能力没有具体描述，故只比较《课程标准（2011 年版）》与《课程标准（2022 年版）》（表 4-1）。

表 4-1 两个版本的课程标准关于运算能力的内容描述

《课程标准（2011年版）》	运算能力主要是指能够根据法则和运算律正确地进行运算的能力。培养运算能力有助于学生理解运算的算理，寻求合理简洁的运算途径解决问题
《课程标准（2022年版）》	运算能力主要是指根据法则和运算律进行正确运算的能力。能够明晰运算的对象和意义，理解算法与算理之间的关系；能够理解运算的问题，选择合理简洁的运算策略解决问题；能够通过运算促进数学推理能力的发展。运算能力有助于形成规范化思考问题的品质，养成一丝不苟、严谨求实的科学态度

第 1 节 运算的地位与作用、培养与提高

数学运算是数学课程中"数与代数"部分的重要内容，也是支撑学生学习"图形与几何""统计与概率""综合与实践"三个部分的重要基础。《课程标准（2011 年版）》将"运算能力"列为十大核心概念之一。但由于运算必须严格按照既定的法则、定义执行操作程序得到确定的结果，而且运算技能的习得要以一定量的训练为基础，这就使人们认为数学计算是一种机械重复、烦琐累人的操作，不利于培养人的思维能力和创造能力。然而，但凡是学习或研究过数学的人都深有体会：数学学习或研究离不开计算，任何水平的数学教学都一定包括计算，计算是进行一切数学活动的重要技能。因此，我们有必要对数学运算的地位与作用进行探讨分析，以树立正确的运算教学观。

练习是培养运算能力的必不可少的手段和主要途径，但是，"没有理解的练习是'傻练'（越练越傻），没有练习的理解是'空想'（越想越空）"。运算能力的培养与提高必须建立在理解的基础上，那么，什么是对运算的理解？又如何达到运算上的理解？这又是教学中绕不开的话题。

◎1.1 运算的地位与作用

1.1.1 运算有助于理解

美国著名的心理学家、教育学家布鲁纳在《教育过程》中指出"计算的实践可能是达到理解数学概念的必要步骤"。在计算中包含着对算法的构造、设计、选择，对算理的理解、运用，这是一个"数学实验"过程，其中包含了丰富的数学实践，它可以使学生更加深刻地理解数学的真谛。从认知心理学的角度讲，计算是一种心理操作，在对运算对象的操作过程中，即使不知道"为什么这样操作？"，但必然要考虑"如何进行操作？""在什么条件下能进行这样的操作？""在什么条件下不能进行这样的操作？"等问题，才能完成计算活动。因此，个体在实施运算过程中必然完成了合理性（存在即合理）认证，也就是对运算进行了个人意义的理解，从而将其纳入个人知识结构体系中。另外，运算过程需要不断提取定理、法则、定律等知识内容，而不断地提取可以对定理、法则、定律进行多次重复的心理加工，使这些内容保持长时记忆以供需要时提取，这也为深入理解这些知识内容提供了可能。因此，数学操作的熟练和灵活有利于数学概念的形成；适度练习会利于理解，使学生能够有效地保持、探求和应用相关的内容。

例如，函数的变量定义：对于两个变量 x 和 y，如果每给定 x 的一个值，y 都有唯一确定的值与其对应，那么我们就说 y 是 x 的函数。初学此定义时，大部分学生都存在理解上的困难，而通过具体的函数值代入计算，发现"当 x 的取值确定时，则函数值 y 也随之确定"，有助于对"唯一确定的值与其对应"的理解。

1.1.2 运算是特殊的演绎推理

演绎推理是从已有的事实（包括定义、公理、定理等）和确定的规则（包括运算的定义、法则、顺序等）出发，按照逻辑推理的法则证明和计算。而运算是按既定的法则和运算律对运算对象进行一系列操作而得到结果的过程。两者遵循相同的操作模式：从已知条件出发，根据事实和规则（公理、定理、定义、法则、运算律等），按规定的逻辑程序进行推导、计算，得到结论或结果。因此，数学运算是推理的一种特殊的形式。

例如，求证：无论 x 取任何实数时，代数式 $2x^2+4x+7$ 的值一定是正数。

证明：$2x^2+4x+7 = 2(x^2+2x)+7 = 2(x+1)^2+5$

∵无论 x 为任何实数，$(x+1)^2 \geqslant 0$

∴ $2(x+1)^2+5 > 0$ 命题得证

这里通过代数式的恒等变形（计算），将代数式 $2x^2+4x+7$ 变形为 $2(x+1)^2+5$，再根据乘方的运算意义，判断 $2(x+1)^2+5 > 0$，从而完成了证明。又如，判断两直线的位置关系（平行、重合、相交），可以将两条直线的方程联立方程组 $\begin{cases} A_1x+B_1y+C_1=0 \\ A_2x+B_2y+C_2=0 \end{cases}$，通过计算，①若方程组有唯一解，则两直线相交；②若方程组有无数解，则两直线重合；③若方程组无解，则两直线平行。这些运算是以定理、定义、法则、运算律等为基础，有严格的逻辑操作程序，所以其得到的结果与逻辑证明一样令人信服。

由此可见，有条理地计算和有逻辑地推理一样要求学生有较强的逻辑思维能力。数学运算作为数学抽象结构的基本要素，不仅能够使学生的思维更加条理化、清晰化，还能培养学生的意志力与创新能力。

1.1.3 运算常用于探索发现

数学结论简洁而完美，同时也高度概括，如果没有深入探索分析，往往难窥其规律，计算就是探索分析的有效的方法。通过计算，学生可以对研究的问题进行更深入的了解并获得启发，从而发现问题的内在规律和特性。例如 Fibonacci 数列：1，1，2，3，5，8，13，21，34，55，89，144，…，仅从数字表面难窥其规律，而通过计算：1+1＝2，1+2＝3，2+3＝5，…，易发现各项之间的关系：从第3项起，后一项都是前两项之和。

学生的数学学习不可能重复数学家的"探索发现过程"，但应经历知识发现的"模拟过程"，也就是让学生经历必要的知识探索过程。通过计算探索公式、定律是常用的学习方式。例如，北师大版《义务教育教科书 数学 七年级 下册》第一章第1节学习"同底数幂的乘法"法则，就是先计算一组算式：① $10^2 \times 10^3$；② $10^5 \times 10^8$；③ $10^m \times 10^n$。再探索三个算式的共同运算规律，从而得到"同底数幂的乘法"法则：$a^m \times a^n = a^{m+n}$。中考中的规律探索题，也需要通过计算来猜想变化规律。又例如，（2019年铜仁）按一定规律排列的一列数依次为：$\dfrac{-a^2}{2}$，$\dfrac{a^5}{5}$，$\dfrac{-a^8}{10}$，$\dfrac{a^{11}}{17}$，…$(a \neq 0)$，若按此规律排列下去，这列数中的第 n 个数是＿＿＿＿＿＿（n 为正整数）。

1.1.4 运算能力的培养

计算能力是逻辑思维能力与计算技能的结合，即不仅会根据法则正确地进行计算，而且能理解计算的算理，会通法、懂规律，能根据题目的条件探求解题途径，寻求简洁、合理的算法。《课程标准（2011年版）》也明确指出培养运算能力有助于学生理解运算的算理，寻求合理简洁的运算途径解决问题。如果将能根据法则进行正确计算称为"知法"，理解计算的道理称为"明理"，那么，"知法""明理"就是运算能力的两个关键。

◎1.2 算理的理解

算理是计算的原理和道理，也是运算的定义和法则，是算法的理论依据，是由数学概念、性质、定律等内容构成的数学基础理论知识。运算过程不仅是机械地执行固定的运算程序，既要在运算之前根据具体情况进行算法选择，以便确定大致的运算路径，也要在运算过程中监控运算的执行情况，以便能及时进行纠正，更要在运算之后对结果的合理性进行反思，判断是否需要重新算一次或者是否有更好的方法。所有这些都要以理解运算的原理和道理（算理）为基础，而对算理的理解又可分"工具性理解"和"关系性理解"两种。

1.2.1 工具性理解——先计算，再理解

根据英国数学心理学家斯根普的理论，工具性理解是指一种语义性理解或者一种程序性理解，理解就是需要明确一个符号 A 所指代的事物是什么，一个规则 R 所指定的每一个步骤是什么、如何操作等。简言之，即"只知是什么，不知为什么"。例如，"负负得正""除以分数等于乘以这个分数的倒数"等，学生初学时不易理解其缘由，先将其作为既定的事实或约定俗成的规则进行运用，在运用过程中再慢慢理解这些法则的合理性。也即是"先计算，再理解"。

工具性理解不一定就是死记硬背、生搬硬套。因为在使用"运算法则"的工具时，既要考虑工具的"适用性"问题——根据具体情况进行"工具"的选择，也要考虑工具的"使用性"问题——在具体的算式中使用"工具"，还要考虑工具的"便利性"问题——更快更好地得到结果。所以，"会计算"也是达到了某种程度上的"理解"。张奠宙等认为，"熟能生巧"是中国教育的传统格言，只有充分熟练才可能理解深刻，才能对学习的内容进行有效存储、检索、调用。

1.2.2 关系性理解——先理解，再计算

关系性理解是对知识意义和替代物本身结构上的认识，获得概念和规律（定律、定理、公式、法则等）的途径，以及规则本身有效性的逻辑依据等。简言之，"不仅知道要做什么，而且知道为什么"。例如，对绝对值的学习，首先要理解绝对值的几何意义：在数轴上，一个数到原点的距离为该数的绝对值。再通过求正数、0、负数的绝对值，总结归纳得到绝对值的运算法则：

正数的绝对值是它本身，0 的绝对值是 0，负数的绝对值是它的相反数。求某个对象的绝对值就要考察此对象的正负值，当对象的正负值不确定时，就要进行"分类讨论"。当理解了绝对值的几何意义，应用绝对值计算法则也就顺理成章，当对象的正负值不确定时，进行"分类讨论"就成为解决问题的一种自然而然的想法。

从学习的过程来看，关系性理解不是马上就达到知识本质的理解，而是随着学习的进行而逐步加深理解。例如，对函数概念的理解，就经历了"变量说""关系说""集合说"三个阶段。所以，对算理的理解也有一个循环往复、逐步深入的过程：理解 → 计算 → 理解。

不以"理解"为目标的计算，必然会导致计算浅层化、机械化；不以"能力"为方向的练习，也必然局限于一法一技。只有追求算理上的理解，才能从"源"上把握好运算技能，运算技能才能发展成为运算能力，也只有这样的运算能力才是学生应具备的、能够适应终身发展和社会发展需要的、与数学有关的思维品质和关键能力。

◎1.3 算法策略的生成

算法是运算的程序和方法，是算理的具体表现。算法确定了，就能明确运算的规范和步骤。电脑的运算是执行预设的程序和指令，当实际情况超出预设范围，电脑则无法完成计算任务。大脑的运算不仅仅是执行固定的算法程序，更是解决计算问题的一种策略，在执行运算的背后，需要进行算法的选择与执行、算法的反思与调整等一系列心理决策过程。因此，算法的形成也是策略的生成过程。

例如，计算 $\sqrt{25^2-11^2}$。

①算法的选择与执行。对算式进行观察，由于口算易得 $25^2 = 625$，$11^2 = 121$，因此可能会选择先分别算出 25 和 11 的平方，再将它们相减，然后开方，得到算法 1：$\sqrt{25^2-11^2}=\sqrt{625-121}=\sqrt{504}=\cdots$。

②算法的反思与调整。按算法 1 进行计算，需要对 504 进行开方，不是很容易化简。这促使对原算式结构和正在执行的算法进行观察和反思，计算是否出现错误？算法是否正确？有没有更好的算法，可以避免出现大数的开方？通过反思，调整了算法，得到算法 2：$\sqrt{25^2-11^2}=\sqrt{(25+11)(25-11)}=\sqrt{36\times14}=6\sqrt{14}$。

在执行运算之前，通过对问题结构的观察，明确运算的初始条件和运算目标，再结合个人已掌握的运算知识和运算经验，初步确定计算策略。而策略的选择有两个特别重要的因素：一是实施策略所需要付出的努力，也就是说最容易的策略也最容易被选取；二是策略的准确性，最精确的策略用得也最多。因此，学生往往倾向于使用自己熟练的方法去计算，而方法的熟练离不开必要的练习训练，正所谓"熟能生巧"。但计算的练习训练不是简单套用固定的模式程序，为计算而计算，使计算的教学走向"操练"的极端；而是引导学生注重计算之前的分析思考，积累解决问题的经验，丰富解决问题的"策略库"。另外，基本计算技能要达到自动化。因为大脑工作时的注意资源有限，计算自动化就可以大大减少计算所占用的注意资源，让大脑将有限的注意放在策略的选择上，从而增强和提高运算的目的性和效率。

在执行运算过程中，必然伴随着对计算过程的实时监控，以便及时调整计算策略，从而能选择更合理、更简洁的运算途径解决问题。这其实是算法的优化，体现人思维的灵活性与创造性。但有些教师的计算教学"掐头去尾烧中段"，只讲计算法则，然后让学生按照计算法则模仿例题进行计算，导致很多学生计算过程机械僵化，常常出现"听得明白，自己动手却不会做""上课跟着老师会做，课后作业或考试却不会做"等现象，因此，对算法的反思是提升运算能力的重要环节。而对算法的反思既可以从算法的来源性上，进行反思，也可以通过算法对比进行反思。（1）算法的来源性反思，是对"如何想到这种算法？"的思考，也就是对"来自何处？"的追问。当弄明白了它"来自何处"，才能更清晰地将它"用于何处"，从而更好地预测它"将向何处"。（2）算法的对比性反思。同一个问题有多种算法，对比不同算法，发现差异，寻找共性，才能更清楚地认识算法结构，使得算法成为一种策略性知识，而不仅仅是一种记忆性知识。

◎1.4 结语

综上所述，运算能力作为数学素养的核心，是高层次能力的基础，有助于培养良好的思维能力。正如苏联著名教育家斯托利亚尔在《数学教育学》中指出的：算法教学不仅不贬低创造性的探索、猜想、直觉，相反，能促进学生一系列重要的逻辑思维、创造思维品质的发展。

第 2 节 运算错误成因分析及应对策略
——以2019年广东省中考数学第18题为例

数学运算技能是指正确运用各种运算律进行数学运算和正确运用各种数学概念、公式、法则、定理、性质进行数与式的变形，它属于数学基本技能的一种。《课程标准（2011 年版）》对运算能力的界定为：能够根据法则和运算律正确地进行运算的能力。但当前学生运算能力每况愈下，运算过程中存在算理不明、算法不优、心算不足、逻辑不强等现象，提高学生的运算能力已成为众多教育工作者的共识。下面结合广东省 2019 年中考数学试题第 18 题的答题情况，分析学生运算过程存在的主要问题，并探讨应对方法和教学策略。

◎2.1 试题及考向分析

（2019 年广东）先化简，再求值：$\left(\dfrac{x}{x-2}-\dfrac{1}{x-2}\right) \div \dfrac{x^2-x}{x^2-4}$，其中，$x=\sqrt{2}$ 。

试题综合考查了分式的四则运算、多项式因式分解、代数式代入求值和分母有理化等基本计算，涉及的计算类型虽多，但运算量不大，运算步骤不烦琐，运算方向清晰，故整体难度不高。

◎2.2 得分情况分析

虽然试题难度不高，但考生得分情况并不理想，统计广东省茂名市共87652名考生的得分情况（表4-2）。

表4-2 各分值人数分布统计

分值	0	1	2	3	4	5	6
人数	38844	3788	4481	1225	897	15870	22547
比率	44.32%	4.32%	5.11%	1.40%	1.02%	18.11%	25.72%

资料来源：《2019年茂名市中考统计数据及试卷分析报告》。

从表中可以看到，将近一半的考生得分为0，这可能是由于试题涉及了多种运算类型，当其中一种运算出现错误时都会导致整体计算失败而不能得分。这反映出大部分学生未能掌握基本运算技能，还停留在题型简单模仿和公式直接套用等浅层次阶段，运算能力令人担忧！而满分的考生占比为25.72%，比率排名第二，这可能说明学生对运算技能的掌握是一通俱通，也即是对某一项运算技能的理解掌握会帮助对其他运算技能的理解掌握。因为，不同的运算虽然运算法则和运算过程都不相同，但所有的运算遵循着相同的运算模式与流程：对运算对象实施运算规则得到运算结果（图4-1）。

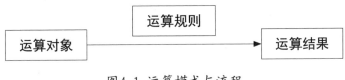

图4-1 运算模式与流程

现在各省市中考试题热点题型——"新定义"型问题，要求考生根据给出的定义、法则、规律对给出的对象目标进行运算、推理、迁移而得出结果，其解决模式与普通的计算并无二致。例如，2019年山东省枣庄市中考数学试题：

对于实数 a, b，定义关于"$\otimes$"的一种运算：$a \otimes b = 2a+b$，例如，$3 \otimes 4 = 2 \times 3+4 = 10$。

（1）求 $4 \otimes (-3)$ 的值；（2）若 $x \otimes (-y) = 2$，$2y \otimes x = -1$，求 $x+y$ 的值。

因此，对于运算技能的学习不能仅停留在对各种运算程序的记忆模仿和题型套用上，还要透过形式运算的表面，寻求各类运算背后的模式与规律，使对运算的理解上升到模式结构的认识。这样才能从"做一题学一法"的低效训练到"会一题通一类"的高效学习，实现运算技能的类型迁移，从而提升运算能力水平。

◎2.3 答题情况及应对策略

2.3.1 运算算理不明

算理是运算的原理和道理，也是运算的定义和法则，是进行运算的理论依据，是由数学概念、性质、定律等内容构成的数学基础理论知识。如果算理不明，就会导致不顾运算条件、盲目进行运算的情况。下面是一位考生的答题情况（图4-2）：

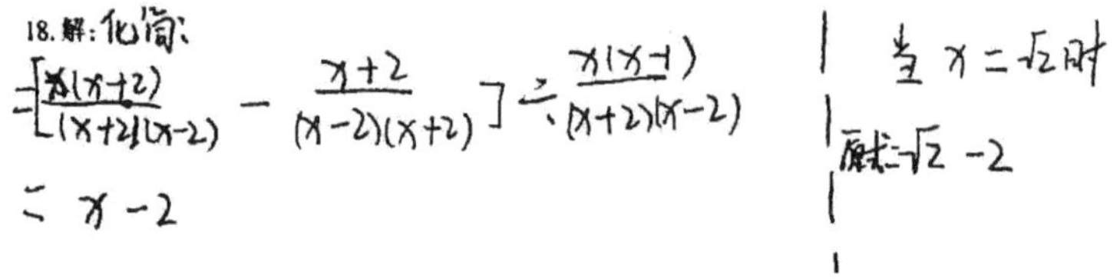

图4-2 考生试卷答题示例

该生对已是同分母的分式再进行化简同分母，可见其只知"先通分，后加减"的运算法则，但并不理解分式加减运算法则的算理，也即对于"为什么要通分""在什么情况下要通分"等并不清楚，只是在机械地套用解题模型，使得运算过程累赘化，画蛇添足。

在解方程或不等式过程中，学生经常使用"移项变号"的运算法则，但大部分学生并不清楚"移项"为什么要"变号"。笔者对所任教的九年级一个班（50 人）进行了调查，只有 3 个学生能大致地解释"移项变号"的原因，其他学生只知有这样的法则，也懂得利用法则进行运算，但只是将法则当成既定的事实进行记忆，甚至对提出"移项为什么会变号"这样的问题而感到惊奇。学生不理解"移项变号"的原理虽然并不影响解方程或不等式的过程和结果，但"移项"作为方程或不等式常用的转化方式，是化简的重要手段，蕴含着最基本的数学思想 —— 转化。如果学生能够明白"移项"要"变号"的道理，明晰移项前后变号的原因，就可以使得机械的符号操作变成可理解的意义执行，从而能更好地理解运算的本质和转化规律，改变对数学过度形式化的片面认识。

移项变号的原因是等式的基本性质（一）：等式两边同时加上或减去同一个数，等式仍然成立。而等式的基本性质（一）所反映的是物质世界的守恒定律：在自然界中某种物理量的值恒定不变，任一事物都不可能无中生有，也不可能凭空消失，只是从一种形式转化为另一种形式的存在。算理作为运算的原理和道理，是繁杂运算背后最根本、最简洁的定义和法则，掌握好算理，才能在形式不同、纷繁复杂的运算过程中保持方向清晰、有条不紊。这可以说是中国传统哲学"大道至简，以简驭繁"在数学上的体现。因此，数学计算的目的不仅在于计算，更重要的是通过计算去寻找和发现那些隐藏的、内在的本质规律。

2.3.2 运算算法繁杂

算法是运算的程序和方法。我们依照算理执行运算程序得到正确结果的过程就是一种算法，运算程序不同则算法不同，但运算结果相同。因此，算法没有对错之分，只有优劣之别。在此题中，括号内的两个分式分母相同，可以直接相加减，再除以括号外的分式，这是通常的简化方向，也就是通法。但有的考生采用乘法分配律，先将括号内的每一项除以括号外的分式（图

4-3)。这样的算法固然没有错，但明显增加了运算量，导致运算繁杂化，无法得出正确的结果。

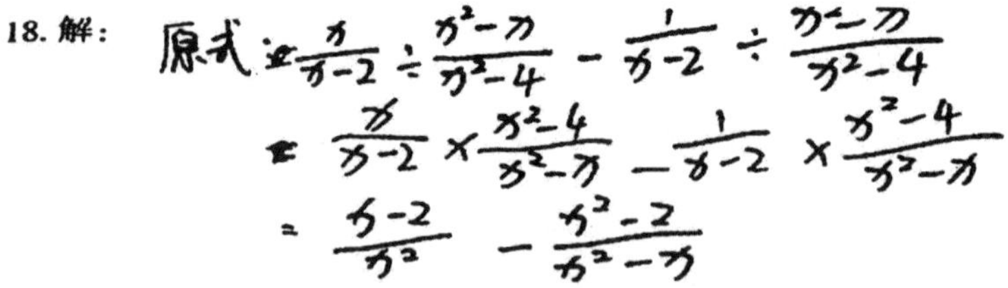

18. 解：
$$原式 = \frac{x}{x-2} \div \frac{x^2-x}{x^2-4} - \frac{1}{x-2} \div \frac{x^2-2}{x^2-4}$$
$$= \frac{x}{x-2} \times \frac{x^2-4}{x^2-x} - \frac{1}{x-2} \times \frac{x^2-4}{x^2-x}$$
$$= \frac{x-2}{x^2} - \frac{x^2-2}{x^2-x}$$

图4-3 考生采用乘法分配律解题示例

在同一计算题的运算过程中，切入角度不同，运算顺序就不同，我们常称为"一题多解"或"算法多样化"。多种算法的寻求，需要从不同角度思考问题，重建思维模式，这有助于发散思维的培养。但若只是局限于寻求多种不同的算法，则会使运算技能沦为运算技巧，这些"技巧"无论对今后的学习还是工作，用处都不大，早已为我们教学所摒弃。所以，在解题教学中"一题多解"的主要目标不在于"求多""求巧"，而应为以下两个方面：一方面是通过不同算法的联系对比，透过形式运算的表面，领悟算法内在的规律——算理，达到多法归一；另一方面是从不同的算法中寻找更普遍、更容易迁移的通法，再在通法的基础上寻找更合理、更简洁的优法，提高运算效率。因此，通过算法的优化，在变中寻找不变的规律，在多法中寻找通法，在通法中寻找更"合理简洁"的优法，实现了从"技巧迷思"到"技能形成"的转变，从"技能形成"到"能力培养"的提升。

◎2.4 心算能力不足

心算是指在没有纸、笔、计算器等外界工具的帮助下进行的算术操作活动，也称为口算。心算可以快速地得到答案，这除了能够满足人们的日常生活需要之外，对个体数学能力的发展及数学学习也有重要的作用，包括促进数感能力的发展、为笔算打基础，以及促进数学问题解答技巧的掌握等。但目前学生口算能力差已是不争的事实，在此题的解题过程中，就有许多学生因口算错误而失分（图 4-4）。

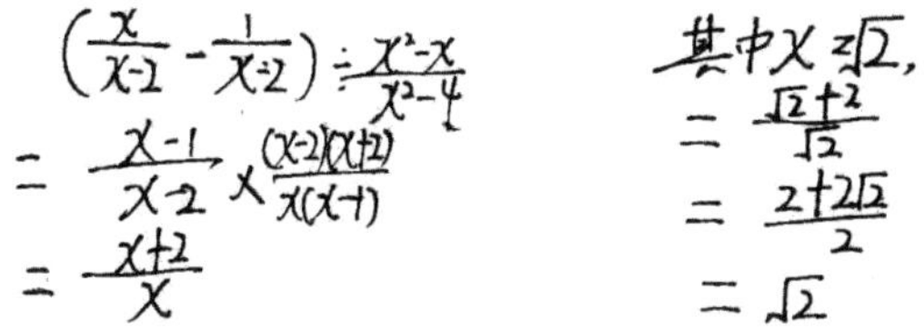

图4-4 学生口算错误示例

学生心算能力不足的原因有很多，从教育的角度来说，目前采用笔试的考试形式，即使是口算试题也可以用笔纸进行演算，因此学生不需口算；况且口算的准确率不如笔算的高，为了确保答案准确无误，学生不敢口算。从生活需要的角度，智能电子秤完成了从称重到计量，随身携带的智能手机用"计算器和支付"替代了"口算和找零"，口算的生活需要就不复存在了。那么，在教学中注重心算能力的培养就更加迫切和必要了。

首先，在教学中要为心算留有宽余的时间和实践机会。将心算放在笔算之前，在笔算之前先进行数值的估算、算法策略的预选、计算结果形式的预判，避免不经思考而直接进行运算程式的套用。其次，要给心算营造宽松的评价环境。每个人的心理操作水平不一，心算能力水平就有高低之异，心算速度也就有快慢之分。所以，心算快慢不应作为评判优劣的标准，结果对错也不能否定心算的努力，而是要以"能否进行心算"作为出发点和归宿点，使得学生可以从容地、毫无评价压力地进行心算，在心算过程中建立自信，从而敢于心算。只有心算活动得以进行，心算经验才会累积，心算策略水平才能提高，心算能力才能提升。

◎2.5 运算逻辑混乱

事实上，运算也是推理，对数值计算而言，对一系列数实施运算无非是根据该运算所遵循的法则、运算律逐步推导，将所求对象有根有据地推导出结果。因此，如果运算的内在逻辑混乱，必然导致运算对象的偷梁换柱、运算步骤的跳跃紊乱、运算过程的往复循环等问题。在此题的化简过程中，有的考生运算逻辑不清、运算对象不明，对代数式的化简与方程的化简混淆不清，对代数式再乘以（$x+2$）（$x-2$）来去分母，犯了张冠李戴的错误，导致运算失败（图 4-5）。

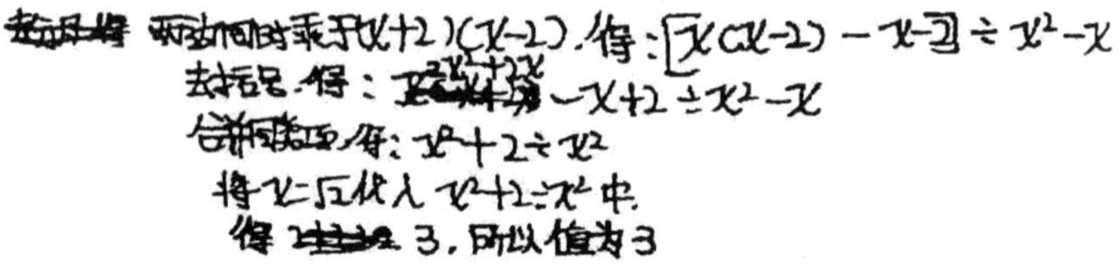

图4-5 学生运算的内在逻辑混乱示例

因此，运算逻辑的严谨性是运算能力培养的重要方面。首先，要求学生养成有步骤、按次序的计算习惯，不能陵节而施。在运算过程中，很多学生嫌规范书写麻烦啰唆，或为了快速得到结果，而进行跳步计算，往往导致了运算结果的错误。有人将此归因为一时的粗心大意而不加以重视，但奇怪的是这种粗心大意会一而再、再而三地反复出现。其实，这种现象并不只是一时的粗心大意，而是思维的懒惰和不严谨，在计算过程中出现"想当然"的潜意识行为而不自知，导致错误持续出现。其次，在"知法"的基础上进行"说理"。"知法"就是掌握计算的方法和程序；"说理"就是说明计算方法的原理和根据。很多学生会计算出结果，却说不清楚是"如何算出来的"。这是因为对思维过程缺乏"元认知"，不能对计算结果进行有效的检验，也不能对计算过程进行有效反思，运算能力也就得不到提升。通过语言上的"说理"，可以让内隐的思维可视化，为有条理、有根据地思考提供可操作的平台，为运算过程提供可操作性的观照，从而可以明晰运算算理、梳理运算次序，提升逻辑思维能力。

◎2.6 结语

我国部分地区学生参加 PISA 测试取得了不俗的成绩，我国学生数学运算能力也得到了广泛的关注与认可，但有研究认为这些成绩的取得是基于大量的训练。国际测试数据显示，中国上海的学生每周平均数学作业时间为 13.8 小时，超过所有参与测试地区的平均水平近一倍。随着新课标的实施，以及各种声音的质疑，对学生运算能力的要求也从"注重知识与技能"偏向"注重过程与体验"，"四基"的提出在一定程度上弱化了原来的"双基"，随之而来的运算能力差、书写不规范等问题日渐突出。因此，如何让"四基"平行地发展，不顾此失彼，可能会成为数学教学中新的话题。计算在数学学习和研究中起着基础性和工具性的作用，如何有效地提升运算能力水平是数学教学不可偏废的课题和不变的追求。

第 5 章 几何直观

由于《全日制义务教育数学课程标准（实验稿）》没有提出几何直观的概念，故只比较《课程标准（2011 年版）》与《课程标准（2022 年版）》（表 5-1）。

表 5-1 两个版本的课程标准关于几何直观的内容描述

《课程标准（2011 年版）》	几何直观主要是指利用图形描述和分析问题。借助几何直观可以把复杂的数学问题变得简明、形象，有助于探索解决问题的思路，预测结果。几何直观可以帮助学生直观地理解数学，在整个数学学习过程中都发挥着重要作用
《课程标准（2022 年版）》	几何直观主要是指运用图表描述和分析问题的意识与习惯。能够感知各种几何图形及其组成元素，依据图形的特征进行分类；根据语言描述画出相应的图形，分析图形的性质；建立形与数的联系，构建数学问题的直观模型；利用图表分析实际情境与数学问题，探索解决问题的思路。几何直观有助于把握问题的本质，明晰思维的路径

第 1 节 直观的认识与分类

◎1.1 直觉与直观

直觉是不经过有逻辑的、有意识的推理而识别或了解事物的能力。直觉主义学派的创始人和代表人物，荷兰数学家鲁伊兹·布劳威尔（Luitzen Brouwer）认为，直觉是意识的本能反应，不是思考的结果。脑科学研究结果表明，直觉主要是右脑的功能，右脑以并行性方式思维，采取的是同时进行整体分析的策略。这就是直觉无须推理就能直接对事物及其关系作出迅速识别和理解的原因。

西方哲学家认为，"直观就是未经充分逻辑推理而对事物本质的一种直接洞察，直接把握对象的全貌和对本质的认识"。心理学家则认为，"直观是从感觉的具体的对象背后，发现抽象的、理想的能力"。当代著名数学家徐利治教授指出，"直观就是借助于经验、观察、测试或类比联想，所产生的对事物关系直接的感知与认识"。

通过对比，直觉与直观虽都是"未经充分逻辑推理"而能够直接"认识或了解"事物，但"直觉的认识"侧重于人"先天"的本能反应。这种本能是知觉上的本能，对于突然出现在面前的事物、新现象、新问题及其关系的一种迅速识别、敏锐而深入洞察，直接的本质理解和综合的整体判断。而"直观的认识"侧重于人的"后天"能力，需要借助于过往的经验，并经过一系列的"观察、测试或类比联想"，才能达到对事物本质的或全貌的认识。因此，培养学生"后天"的直观能力，在教学中既是切实可行的，也是必然的内在要求。史宁中教授认为，直观能力的养成依赖本人参与其中的思维活动或者实践活动，是一种经验的积累，而不是依靠他人的传授。

◎1.2 数学直观的分类

数学中的直观主要包含代数直观、统计直观和几何直观三种。

1.2.1 代数直观

代数中有各种的运算法则、运算规律、排列组合、不等式证明等，由于缺乏直观的事物作为支撑，只是作为一种既难以理解、也无需解释的人为规定，学习者也只能通过"反复记忆""多做多练"的策略来学习。张广祥等认为，为了使学生能够理解这些代数知识，需要在教学中使用"模式直观"，也就是将抽象的代数问题归结为一些大家熟悉的、已经被普遍接受的某种思维模式，设置代数思考的直观背景，使之更加便于分析与推理。

例如，北师大版《义务教育教科书 数学 九年级 上册》第四章中的合比定理：

若 $\dfrac{a}{b} = \dfrac{c}{d} = \dfrac{e}{f} = \cdots = \dfrac{m}{n}$ （$b+d+f+\cdots+n \neq 0$），那么 $\dfrac{a+c+e+\cdots+m}{b+d+f+\cdots+n} = \dfrac{a}{b}$.

用 a 表示溶质（糖）, b 表示溶液（糖水）, $\dfrac{a}{b}$ 表示浓度（甜度）, $\dfrac{a}{b}, \dfrac{c}{d}, \dfrac{e}{f}, \cdots, \dfrac{m}{n}$ 也就是很多杯浓度一样的糖水，将所有糖水混在一起也与原来的一样甜。

1.2.2 统计直观

统计是收集各种需要的数据，并整理分析数据，从中寻找隐藏的信息规律。因此，统计过程大致可分为三个阶段：收集、整理、分析。通常收集来的数据往往是杂乱无章的，为了可以发现数据中隐藏的信息和规律，就必须对数据进行归纳整理。为了能直观地分析判断，人们就发明了直方图、扇形图等统计图。这些统计图是根据统计数字，用几何图形、事物形象和地图等绘制的各种图形，具有直观、形象、生动、具体等特点，它们使复杂的统计数字简单化、通俗化、形象化，使人一目了然。这种用图、表、线、体表示数据的方法只是使得人能直观地认识数据，但我们更需要从"不确定的"数据背后洞察"确定的"规律。这就需要具有对数据的敏感和直觉，也就是"未经充分逻辑推理而对事物本质的一种直接洞察"，这种直接洞察的能力是统计直观的一种表现。这种能力的培养需要学生拥有丰富的、亲身经历过的经验，并从中去感悟、分析、理解、抽象，学会判断。史宁中教授认为，"建立代数直观和统计直观是非常困难的，因此，在义务教育阶段强调的是几何直观。"

1.2.3 几何直观

直观性是几何本身的特点之一。几何是研究空间结构及性质的一门学科，起源于关于长度、角度、面积和体积的测量。数学的其他分支经过多次的现代处理，已渐渐远离其生活的源泉，研究对象和内容也越来越抽象和形式化，但几何（特别是欧氏几何）仍保持着与现实空间的直接的、丰富的联系。几何作为一种理解、描述和联系现实空间的工具，也许是数学中最直观、具体和真实的部分。鲍建生认为，直观性是几何概念的主要特点，其表现有四个方面：①几何概念都有一个直观的模型。大多数中小学的几何概念都直接来自现实世界，如角、线段、三角形、平行与垂直、面积与体积等。②许多几何概念可以用图形直观表示。③用于表示几何概念的语言符号具有直观性，如 $\triangle ABC, AB \perp CD, AB // CD$ 等。④几何概念的内部表征形式以表象（也称为"视觉心象"）为主，表象在一定程度上起到了连接概念与图形、图形与模型的作用。

孔凡哲等认为，几何直观是在直观感知的感性基础之上所形成的理性思考的结果，是学习者对于数学对象的几何属性（或与几何属性密切相关的一些属性）的整体把握和直接判断的能力。在中小学数学中，几何直观有四种表现形式：①实物直观，指借助与研究对象有着一定关联的现实世界中的实际存在物，借助其与研究对象之间的关联，进行简捷、形象的思考，获得针对研究对象的深刻判断。②简约符号直观，是在实物直观的基础上，进行一定程度的抽象所形成的半符号化的直观。③图形直观，是以明确的几何图形为载体的几何直观。④替代物直观，是一种复合的几何直观，既可以依托简捷的直观图形，又可以依托用语言或学科表征物所代表的直观形式，还可以是实物直观、简约符号直观、图形直观的复合物。

几何直观有助于理解和解决问题。《课程标准（2011 年版）》对于几何直观的作用有清晰地描述，"借助几何直观可以把复杂的数学问题变得简明、形象，有助于探索解决问题的思路，预测结果。几何直观可以帮助学生直观地理解数学，在整个数学学习过程中都发挥着重要作用。"

例如，教材编排遵循从一般到特殊的认知规律，在学习了多项式的乘法法则以后继续学习平方差公式，但平方差公式的结构特征及公式中字母的含义对学生来说仍然非常抽象。因此，为了让学生更直观地理解平方差公式，北师大版数学教材又安排了如下的探究活动：

如图 5-1，边长为 a 的大正方形中有一个边长为 b 的小正方形。（1）请表示图 5-1 中阴影部分的面积。（2）小颖将阴影部分拼成了一个长方形（图 5-2），这个长方形的长和宽分别是多少？你能表示出它的面积吗？（3）比较（1）（2）的结果，你能验证平方差公式吗？

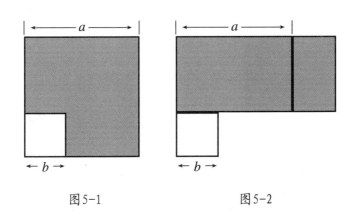

图 5-1   图 5-2

学生通过对比图 5-1 与图 5-2，很容易观察得到两幅图的阴影部分的面积相等，从而验证了 $a^2-b^2=(a+b)(a-b)$。当学生以自认为合理的方式认可了结论，便达成了个人意义的理解。

又例如，正方形的中心在直角坐标系的原点，正方形的边与坐标轴平行，点 $p(3a, a)$ 是正方形与反比例函数图象的一个交点。已知图中阴影部分的面积等于 9，求这个反比例函数的表达式（图 5-3）。

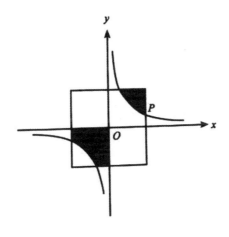

图 5-3

由给出的几何图形，很直观地想到将两个阴影部分面积合并起来，而且合并起来的面积等于第一象限小正方形面积 $(3a)^2$，因此可得 $(3a)^2 = 9$，从而 $a = 1$。这就是借助几何直观把复杂的数学问题变得简明、形象。这种方法有助于探索解决问题的思路。

第 2 节 几何直观的培养

在数学发展历程中，对于数学中的很多问题的发现与解决，数学家的灵感往往发端于几何直观。生病中的笛卡儿看见屋顶的蜘蛛拉着蛛丝垂了下来，又顺着蛛丝爬上去，在上边左右拉蛛丝。蜘蛛的"表演"使笛卡儿深受启发，他想，可以把蜘蛛看做一个点，用一组数把蜘蛛上、下、左、右运动的每个位置确定下来。于是创建了坐标系，使得我们可以用直观的几何图形来表示抽象的代数方程。M·克莱因认为，"数学不是依靠在逻辑上，而是依靠在正确的直观上。"在大多数情况下，数学的结果是"看"出来的，而不是"证"出来的。不仅是数学，在许多学科中，对于结果的预测和对于原因的探究，起步阶段依赖的都是直观（能力）。因此，几何直观作为数学十大核心素养之一，是数学课程的主要培养目标。但在教学过程中，对于学生几何直观能力的培养还存在一些问题与误区。

◎2.1 合理猜想与几何直观

牛顿曾说："没有大胆的猜想，就做不出伟大的发现。"猜想既是激发学生学习兴趣的手段，又是发展学生直觉思维的有效途径，还是学生掌握探求知识、方法的必要手段。在教学中，教师一方面要注意保护学生既有的猜想和直觉能力，另一方面要注意引导学生学会合理猜想的方法，使他们的直观洞察能力得到不断发展。

（2016 年广东）BD 是正方形 $ABCD$ 的对角线，$BC = 2$，边 BC 在其所在

的直线上平移，将通过平移得到的线段记为 PQ，连接 PA、QD，并过点 Q 作 $QO \perp BD$，垂足为 O，连接 OA、OP（图 5-4）。

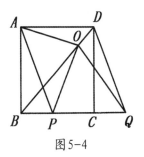

图 5-4

（1）请直接写出线段 BC 在平移过程中，四边形 $APQD$ 是什么四边形？

（2）请判断 OA、OP 之间的数量关系和位置关系，并加以证明。

分析：在第（1）问中，根据图形平移不变性，很容易得到四边形 $APQD$ 是平行四边形。在第（2）问中，先鼓励学生根据图形进行大胆的猜测：$OA = OP$ 且 $OA \perp OP$，然后对所猜测的结论进行分析，寻求猜想成立的条件，也就是"大胆猜测，小心求证"。

真正的科学探究应是建立在思维的逻辑性和科学性基础上的有效探究。因此，合理猜想绝对不是全凭个人感觉的、毫无依据的"瞎猜""乱猜"，而是在猜测之前，对几何图形进行细致的观察与分析，确定哪些是"已知"，哪些是"未知"，再对"已知"与"未知"之间的联系进行合理的猜测，然后对猜测的结论进行严谨的论证。只有将"合理猜想"与"严格论证"结合起来，才是有效的科学探究。几何直观能力是学习者、研究者对于数学对象的全貌和本质进行直接把握的能力。这种直观能力是进行合理猜想的基础与前提，合理猜想是直观能力的应用与出口。因此，鼓励学生进行合理猜想，有助于几何直观能力的提升。

◎2.2 直观教学与几何直观

著名教育家夸美纽斯提出直观教学，其指的是通过让学生观察所学事物或其模型，或者通过形象的语言描述，引导学生形成对所学事物、过程的清晰表象，丰富他们的感性知识，从而能够正确理解知识和发展认识能力的一种教学方式。直观教学能够帮助学生理解抽象的、复杂的概念、规律和原理，但教师应该认识到直观教学仅是一种教学辅助手段，而不是教学的目的。直观教学只是使所学知识由"深奥抽象"变得"形象直观"，从而降低理解的难度，使得学生的学习变得容易一些。但可能因为降低了学习的难度，所以导致了学生的思维得不到应有的锻炼，学生思维能力也就没能得到很好的培养。这也可作为对如下教学现象的一个合理解释：

由于多媒体技术在课堂的普及，课堂教学也越来越多地采用多媒体教学，很多的数学公式、定理都辅以形象生动的演示、动画，既有趣又易学。但当学生缺少了这些动画、模型的辅助，或没有老师在旁边的形象讲解时，学习就变得异常艰难。因而，"课堂学习比较顺利而课后学习困难"是很多数学学困生的共同问题和困惑。

这并不是反对直观教学或不承认直观教学的地位与作用，而是提醒教师要注意使用直观教学的时机与使用的"度"。直观教学一般选择在课堂教学的"起始阶段"，帮助学生形成感性形象，当学生累积了一定的感性认识后，教师应不失时机地引导学生进行抽象和概括，把认识提高到理性阶段，使学生从"形象思维"向"抽象思维"过渡。直观教学的使用度是指在有限的课堂教学时间内，切不可过多地使用多媒体直观演示等辅助教学工具和手段，让学生的认识过多地依赖于外界的辅助，而缺少对所学知识的分析与整合、猜测与想象，导致几何直观能力的发展缺少经验的积累。

◎2.3 数形结合与几何直观

数形结合是研究数学和数学教学中常采用的重要思想方法。很多重要的数学内容、概念，如数轴、函数、解析几何、向量等，都具有"数形双重性"，既有"数的特征"，也有"形的特征"。数形结合就是将抽象的数学语言与直观的图形结合起来，使抽象思维和形象思维相结合，实现抽象概念与具体形象、表象的联系和转化，化数为形，以形助数，实现化难为易，化抽象为直观。

例如，求 $y = \sqrt{(x-2)^2+4} + \sqrt{(x-3)^2+1}$ 的最小值。

分析：若从代数的角度进行求解，则无从下手。
但转换到几何图形的角度，将所求的两个根式转化
为两点之间的距离，则问题得到解决。

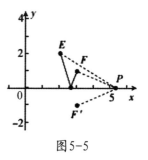

图 5-5

解：设 $P(x,0)$，$E(2,2)$，$F(3,1)$ 则

$$PE = \sqrt{(x-2)^2+(0-4)^2} = \sqrt{(x-2)^2+4^2},$$

$$PF = \sqrt{(x-3)^2+(0-1)^2} = \sqrt{(x-3)^2+1},$$

所以 $y = PE+PF.$

求 y 的最小值，即求 $(PE+PF)$ 的最小值（图 5-5）.

通过从"数"到"形"的转换来巧妙地解决问题，学生体会到用"几何
方法"解决"代数问题"的优势，从而能自觉地、有意识地、经常地运用形
象直观的图形去理解艰涩抽象的知识，去解决繁复的计算问题。这种方法在
使用过程中的自觉性，实质上已内化为学生个人的技能和能力。因此，数形
结合有效地培养了学生的几何直观能力。

◎2.4 空间想象能力与几何直观

《普通高中数学课程标准（2017 年版）》中的六个数学学科核心素养之
一——直观想象：指借助几何直观和空间想象感知事物的形态与变化，利用
空间形式特别是图形，理解和解决数学问题的素养。有研究指出，直观想象
是《普通高中数学课程标准（实验）》中"空间想象"和《义务教育数学课程
标准（2011 年版）》中所提及的"空间观念""几何直观"的融合与凝练，凸
显了直观想象的几何特征。

有研究指出，空间想象能力结构包括两方面：解释图形信息能力、视觉
加工能力。

（1）解释图形信息能力是对视觉表征及图形、图表、图示中使用的空间
语言的理解能力。数学中充满了图形信息，如几何图形、图表、图示等。图
形信息解释能力帮助人们能够阅读、理解及解释这些视觉信息。几何直观是

以直接图形观察为基础，如果无法"读懂"图形，也就形成不了视觉表征，那么想通过"借助几何直观把复杂的数学问题变得简明、形象，以探索解决问题的思路，预测结果"则无法达成。

（2）视觉加工能力是一种过程能力，能够将空间想象、抽象关系或非图形信息转换成视觉信息，以及对视觉表征及视觉表象的操作和转换。几何直观以图形信息或图形表象为操作对象，如果无法顺利将非图形信息转换为图形信息或表象，则几何直观缺少可凭借的"原料"。

由此可见，几何直观能力与空间想象能力密不可分。空间想象能力包含对图形的再造、分解、重组，以及对非图形信息的转换的能力。空间想象能力越强，图形信息处理能力就越强，图形表征的操作与转换就越顺利和流畅，这样就越发能产生丰富的联想。因此，提升空间想象能力是拓展学生几何直观思维空间的主要通道，是发展几何直观的重要手段。

第3节 数学基本素养与证法路径的选择
——以2019年广东省中考数学第24题为例

◎3.1 原题赏析

（2019 年广东）在 $\triangle ABC$ 中，$AB = AC$，$\odot O$ 是 $\triangle ABC$ 的外接圆，过点 C 作 $\angle BCD = \angle ACB$，交 $\odot O$ 于点 D，连接 AD 交 BC 于点 E，延长 DC 至点 F，使 $CF = AC$，连接 AF（图 5-6）.

（1）求证：$ED = EC$；

（2）求证：AF 是 $\odot O$ 的切线；

（3）若点 G 是 $\triangle ACD$ 的内心，$BC \cdot BE = 25$，求 BG 的长（图 5-7）.

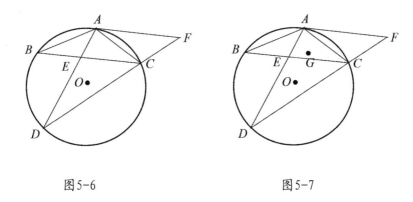

图 5-6   图 5-7

◎3.2 证法对比

本题属于圆的综合题，是广东省中考的常考题型，综合性较强。第（1）问考查圆的基本性质和等量代换，相对容易，在此不做讨论。第（3）问隐蔽性较强，学生不易快速找到解题思路，得分较低，在此亦不做讨论。第（2）问是学生熟悉的题型，方向明确，连接 OA 后，只需证 $OA \perp AF$ 即可。下面是参考答案的证明方法：

如图 5-8 回答题 24-1，连接 OA、OB、OC，

$$\left.\begin{array}{l} OB=OC \\ AB=AC \end{array}\right\} \Rightarrow AO 是 BC 的垂直平分线 \Rightarrow AO \perp BC$$

$$\left.\begin{array}{l} AB//DF \\ AB=CF \end{array}\right\} \Rightarrow 四边形 ABCF 是的线是平行四边形 \Rightarrow AF//BC$$

$$\left.\phantom{\begin{array}{l}a\\b\end{array}}\right\} \Rightarrow AO \perp AF.$$

3.2.1 路径对比

在证明 $OA \perp BC$ 中，参考答案选择的路径如下。

路径一：使用垂直平分线逆定理，到一条线段两个端点距离相等的点，在这条线段的垂直平分线上。

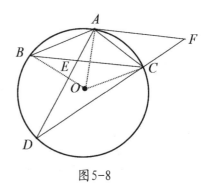

图 5-8

大多数考生选择的是以下两种路径：

路径二：$AB = AC \Rightarrow$ 弧 $AB =$ 弧 $AC \Rightarrow AO \perp BC.$

此证法运用的是垂径定理三个逆定理中的其一：平分弦所对的一条弧的直径垂直平分弦，并且平分弦所对的另一条弧。

路径三：$\triangle ABO \cong \triangle ACO \Rightarrow \angle BAO = \angle CAO \Rightarrow AO \perp BC.$

此证法运用的是等腰三角形"三线合一"的性质。

3.2.2 问题提出

同样得到 $AO \perp BC$，三种路径之间虽然没有对错之分，但却有优劣之别；路径二、三都不如路径一直接简单。更大的问题是，路径二使用垂径定理的逆定理，属于选学内容，在《课程标准（2011年版）》中明确指出不做考查要求。况且在北师大版和人教版数学教科书中都没有这条逆定理，而是给出另外一条逆定理：平分弦（不是直径）的直径垂直于弦，并且平分弦所对的弧，即考生选择的定理是选学内容且课本中没有呈现的，而没有想到更加直接简单的垂直平分线逆定理。这不得不引起我们的思考。

◎3.3 成因分析

3.3.1 学科基本素养——几何直观

几何直观主要是指利用图形描述和分析问题，借助几何直观可以把复杂的数学问题变得简明、形象，有助于探索解决问题的思路，预测结果。

本题第（2）问求证圆内两线段垂直，所选择的定理和依据必然与圆相关，垂径定理及其逆定理自然出现在思维视野之中，只不过垂径定理属于选学内容，况且课本给出的逆定理也没有满足求证的需要。但源于对图形的观察分析，以及积累起来的学习经验（如等腰三角形"三线合一"的学习等），可以直观地感觉到如果直径平分弧，那么直径也许会平分弧，以及垂直平分所对的弦。这种直观的感觉促使学生选择了路径二，并证得了结论。在学习过程中，没有根据的胡猜乱测是"蒙"，我们要坚决摒弃；而有观察、有分析地去感知，去探索解决问题的思路、预测结果，才是我们努力培养的数学学科基本素养——几何直观。

考生借助几何直观，选择了路径二，但略显冒险，毕竟课本没有此定理。所以有部分考生选择其他道路。由图形特征，学生容易观察到 $\triangle ABC$ 是等腰三角形，如果 AO 为顶角平分线或中线，则必有 $AO \perp BC$，即路径三。这也是源于图形分析的几何直观。

3.3.2 学科基本素养——思想方法

广东省使用的两种版本（北师大版和人教版）教材都出现有路径一的证明方法：

2014 年北师大版《义务教育教科书 数学 八年级 下册》第一章第 3 节例 1：

已知：如图 5-9，在 $\triangle ABC$ 中，$AB = AC$，O 是 $\triangle ABC$ 内一点，且 $OB = OC$.

求证：直线 AO 垂直平分线段 BC.

2013 年人教版数学八年级上册第十一章第 1.2 节练习 2：

如图 5-10，$AB = AC, MB = MC$，直线 AM 是线段 BC 的垂直平分线吗？

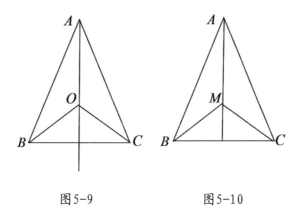

图 5-9　　　　　　图 5-10

另外，从广东省中考试题的考查情况来看，用尺规作线段的垂直平分线（或垂线、中线）是常考考点。广东省 2015—2018 年中考试题考查情况如表 5-2

所示。

表 5-2 2015—2018年广东省中考试题考查情况

年份	题号	求作
2015	第17题第（1）问	过某点作线段垂线
2016	第17题第（1）问	线段中点
2017	第17题第（1）问	线段垂直平分线
2018	第17题第（1）问	线段垂直平分线

从课本内容编排和中考考查要求来看，广东考生对垂直平分线及逆定理应该不陌生，但路径一并没成为考生的第一选择。个人认为，一方面囿于题目情境和图形特征，考生倾向于选择与圆相关定理和等腰三角形相关性质；另一方面原因是考生对垂直平分线的理解只停留在操作层面，未能从思想方法的高度领会其实质。

根据个人的调查发现，绝大多数学生都会用尺规作线段的垂直平分线。首先用圆规找两个到线段两端距离相等的点，再过这两个点作一条直线。这条直线就是求作的线段垂直平分线。但大部分学生却无法回答这样做的理由，即到一条线段两个端点距离相等的点，在这条线段的垂直平分线上。由此折射出的几何教学问题是：

第一，重模仿练习，轻原理探索。新课程标准的要求是能用尺规完成基本作图，所以大部分尺规作图教学的重点都是模仿练习、反复演练，缺乏对作图原理的探究。虽然"照葫芦画瓢"式的尺规作图教学也能让学生在考试中拿分，但这是建立在反复操练各种类型作图题的基础上，学生只能算作是会画图的机器罢了。这样形成的作图技能，只适用于同一种题型的试题，无法实现知识迁移应用，更不用说形成素质能力。这与培养有利于学生终身发展的基本素养的要求是背道而驰的。

第二，重形式证明，轻思想感悟。在义务教育阶段教材中，采用描述的方式对垂直平分线进行定义：垂直于一条线段，并且平分这条线段的直线，叫这条线段的垂直平分线，简称"中垂线"。而定理"到一条线段两个端点距离相等的点，在这条线段的垂直平分线上"采用的是集合的观点。从定义到定理的过程中，运用集合思想，将概念初始描述上升到概念本质的把握。这种螺旋上升式的学习安排，经编者精心设计，符合学生的认知规律，有利于发展学生数学基本素养。在教学过程，如果老师不明晰这种设计安排，不理解编者的意图，仍将教学重点放定理的形式证明，那么学生也只是得到形式结论，缺乏思想方法上的感悟，数学基本素养的培养更是无从谈起。

◎3.4 结语

我们目前的社会状况仍以中考、高考为重，所以培养学生的基本素养不可能脱离课堂解题教学。从上面的分析可以看到，学生的数学基本素养影响对证法路径的选择，从而影响整个解题过程。所以，我们应该坚定培养数学基本素养的理念，将其融入中考备考及日常的解题教学中来，不要让数学基本素养凌驾于学科知识之上，变得"高尚化"和"神秘化"。正如章建跃博士所说，"我们不必把培养学生的基本素养神秘化"。

第6章 空间观念

三个版本的课程标准关于空间观念的内容描述如表 6-1 所示。

表 6-1 三个版本的课程标准关于空间观念的内容描述

《课程标准（实验稿）》	能由实物的形状想象出几何图形，由几何图形想象出实物的形状，进行几何体与其三视图、展开图之间的转化；能根据条件作出立体模型或画出图形；能从较复杂的图形中分解出基本的图形，并能分析其中的基本元素及其关系；能描述实物或几何图形的运动和变化；能采用适当的方式描述物体间的位置关系；能运用图形形象地描述问题，利用直观来进行思考
《课程标准（2011年版）》	根据物体特征抽象出几何图形，根据几何图形想象出所描述的实际物体；想象出物体的方位和相互之间的位置关系；描述图形的运动和变化；依据语言的描述画出图形等
《课程标准（2022年版）》	空间观念主要是指对空间物体或图形的形状、大小及位置关系的认识。能够根据物体特征抽象出几何图形，根据几何图形想象出所描述的实际物体；想象并表达物体的空间方位和相互之间的位置关系；感知并描述图形的运动和变化规律。空间观念有助于理解现实生活中空间物体的形态与结构，是形成空间想象力的经验基础

《课程标准（实验稿）》并未界定空间观念是什么，只是描述了其能力要求：能……能……能……。并能……《课程标准（2011 年版）》也未明确界定空间观念是什么，而是对空间观念的内涵进行描述。《课程标准（2022 年版）》在前两版的基础上，指出空间观念是一种"认识"，其研究的范畴是"空间的物体或图形"；研究的内容是"形状、大小及位置关系"三个方面；其能力要求与前两版相差不大；特别地，提出了空间观念的作用：有助于理解现实生活中空间物体的形态与结构，是形成空间想象力的经验基础。这些内容一方面肯定了其对工作生活的实际意义，另一方面也指出了对人的创新能力的作用。曹才翰、蔡金法先生在其《数学教育学概论》中将空间想象能力解释为：

以现实世界为背景，对几何表象进行加工改造，创造新的形象的能力。而《普通高中数学课程标准（2017 年版）》六大核心素养之——"直观想象"其是指借助几何直观和空间想象感知事物的形态与变化，利用空间形式特别是图形，理解和解决数学问题的素养。这既肯定了空间观念培养的意义与作用，更是为空间观念的培养提供了明确的导向和任务要求。

第 1 节 空间观念的心理学认识

王焕勋主编的《实用教育大辞典》认为，空间观念是在空间知觉的基础上形成的关于物体的形状、大小及其相互位置关系（方位、距离）的表象。空间想象力是在空间观念的基础上形成和发展的。知觉是直接作用于感觉器官的事物的整体在头脑中的反映，是人对感觉信息的组织和解释的过程。知觉和感觉一样，都是刺激物直接作用于感觉器官而产生的，都是对现实的感性反映。但感觉只是对事物个别属性的反映，知觉却是对事物的整体反映。知觉具有相对性、选择性、整体性、恒常性等特征。空间知觉（space perception）是对物体的形状、大小、远近、方位等空间特性获得的知觉，是个体必不可少的能力，有时也称"空间感"。因为个体生活在三维空间世界内所进行的一切活动，都必须随时随地对远近、高低、方向作适当的判断，以免发生困难甚至遭遇危险。例如，动物的猛虎跳涧、猴子攀登、飞鸟归巢，人的上下台阶、穿越马路、工具操作等活动，都是依靠空间知觉的判断得以顺利进行。人的空间知觉是在后天实践中形成、发展和完善起来的，例如，婴幼儿无法对位置的高低进行适当的判断，攀爬比自己高得多的物体或从比较高的地方跳下来。可见，空间知觉是人类进化的一种生物本能，是形成空间观念的生物基础。北师大版《义务教育教科书 数学 一年级 下册》的内容安排主要是从正面、侧面、上面观察物体的形状，从上、下、左、右、前、后面描述物体的相对位置，从不同方位看物体的形状和相对位置等，其设计意图就是通过数学活动发展学生的空间知觉能力。

虽然人拥有空间知觉的能力，但未必就主动获得了空间观念。因为，观念是人类思维活动的结果，是客观事物在人脑中留下的概括的表象。表象（representation）是客观对象不在主体面前呈现时，在观念中所保持的客观对象的形象和客体形象在观念中复现的过程。也就是说，表象是对过去感知过的事物的形象在头脑中再现的过程。表象是脱离外物刺激之后，在大脑保留的或重新复现出来的形象，但又不是对事物"原样复制"得到的图像，而是带有个人主观性的事物的概括性形象，它以实物为感知原型，但不限于某个原型。空间知觉是对空间事物的空间特性（形状、大小、远近、方位等）的知觉，事物在人的面前；而表象是事物不在人的面前时，在头脑中出现的关于事物的形象。著名的心理旋转实验证实了表象的存在（可参阅文后的拓展阅读）。正是因为人可以形成不依赖于具体事物的表象，才使得大脑可以进行以表象为基础的心理活动，例如，对表象进行翻转、折叠、组合等操作，创造出新的形象。因此，可以说空间观念是一种空间表象，是对物体的空间特性（形状、大小、远近、方位等）在大脑形成的概括的、可进行心理操作的形象。由任子朝主编的《高考数学能力考查与题型设计》指出，空间观念的建立包括实物的几何化、对空间基本图形的识记、再现和思考等。"对实物的几何化""对图形的再现和思考"等过程也就是表象的产生过程。因此，三个版本的课程标准对空间观念的第一个能力要求是"能由实物的形状想象出几何图形（2001 年）""能够根据物体特征抽象出几何图形（2011、2022 年）"，其心理实质是能够由事物而形成表象。

想象是思维主体运用已有的表象形成新表象的过程。想象不满足于对已有表象的再现，而更致力于通过对已有表象的加工去获得新表象。那么，丰富的空间想象力必然建立在丰富的空间表象的基础上。因此，我们就可以理解《课程标准（2022 年版）》提出的观点：空间观念是形成空间想象力的经验基础。更进一步地，与逻辑思维（理论思维）一起作为思维两种基本形态的形象思维是指用直观形象和表象解决问题的思维。形象思维具有形象性、非逻辑性、精确性、想象性等特点，是科学家、艺术家进行发明创造的一种重要思维形式。爱因斯坦十分善于发挥形象思维的自由创造力，他所构思的种种理想化实验就是运用形象思维的典型范例。因此，我们可以得出结论：在空间知觉的基础上可以形成空间表象（观念），同时，空间表象又是空间想象力的基础，而丰富的想象力又是创造力的基础，可以用流程图简单表示它们之间的线性关系（图6-1）。

图6-1 空间知觉、空间观念、空间想象力、创造力之间的关系

第2节 空间观念的能力要求

纵观三个版本的课程标准对空间观念的描述，虽然侧重点有所不同，但对空间观念的能力要求基本一致。即"能够根据物体特征抽象出几何图形，根据几何图形想象出所描述的实际物体"。

◎2.1 能够在三维与二维之间相互灵活转换

2018—2022年，广东省中考数学试题主要以三视图为载体，考查学生的三维与二维之间的转换能力，例如：

（2018年广东）如图6-2，由5个相同正方体组合而成的几何体，它的主视图是（　　）

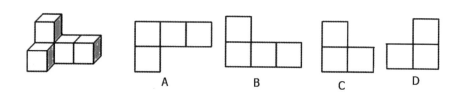

图6-2

（2019 年广东）如图 6-3，由 4 个相同正方体组合而成的几何体，它的左视图是（　　）

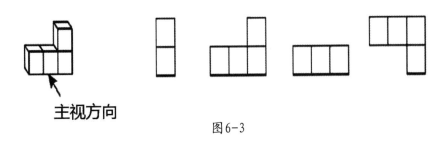

图 6-3

从正面、左面和上面三个不同方向观察一个物体，分别得到这个物体的三个视图。但当呈现在人面前的是物体的示意图时，就不能实际地站在三个位置去观察物体了，那么就需要进行心理旋转。心理旋转是指人在大脑中想象和操作物体作视觉空间转换的过程。例如，若要画出左视图，就需要想象将物体的左面旋转到正面的位置（以人为中心），或想象自己站到物体的左面去观察（以物体为中心）。在加德纳的多元智能理论中，心理旋转能力是衡量空间智能的重要标尺。因此，三视图的学习与考查，既是在学习把一个物体的形状特征用平面图形表示出来的方法，也是在培养和发展学生的空间观念。

由于学生在初中阶段未学习在平面上画立体几何图形（斜二侧画法到高中阶段才学习），因此只考查从三维向二维的转换，未能考查从二维向三维的转换。不过，在北师大版《义务教育教科书　数学　九年级　上册》的练习中（P142）有这方面的要求。

根据如图 6-4 所示的三种视图，你能想象出相应的几何体的形状吗？（画出几何体的草图）

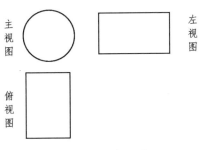

图 6-4　三种视图

◎2.2 想象并表达出物体的方位和相互之间的位置关系

这一要求常常需要借助情境来实现，而不同的情境也会带来不同的想象水平要求。2018—2022 年，广东省中考数学试题主要以物体的展开图为情境，考查学生的空间观念，例如：

（2020 年广东）如图 6-5，从一块半径为 1m 的圆形铁皮上剪出一个圆周角为 120°的扇形 ABC，如果将剪下来的扇形围成一个圆锥，则该圆锥的底面圆的半径为 _____m.

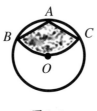

图 6-5

评析：该试题既需要考生将"平面的扇形"通过心理操作转换成"立体的圆锥"（将二维转换成三维），还需要清楚地知道转换前后对应的位置关系：扇形的半径 AB、AC →圆锥的母线，弧 BOC →圆锥的底面圆。对考生空间表象的心理操作能力要求较高，能够较好地考查学生空间观念素养发展情况。

（2021 年广东）下列图形是正方体展开图的个数为（   ）

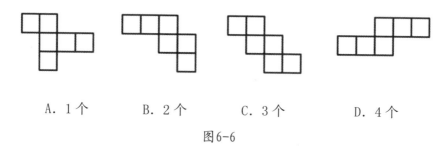

A. 1 个   B. 2 个   C. 3 个   D. 4 个

图 6-6

评析：该试题的能力要求是由实物能想象出展开图，由展开图能想象出实物的形状，即"几何体"与"展开图"之间的转换。由于没有实际物体可以动手操作，只能对物体所形成的表象进行心理操作，需要进行空间位置记忆、物体位置前后变化关系的对比、多种分割的可能性等心理过程，对学生的空间想象能力要求较高。当然，对于正方体展开图的试题研究较多，已归纳得到正方体展开图有四类（141 型、231 型、222 型、33 型）共 11 种情况，有些考生采取记忆的办法解决该题，则不属于空间观念的范围。

◎2.3 描述图形的运动和变化规律

图形的运动主要是指图形的平移与旋转，图形的变化可以包括图形的拆分、组合、平翻折、放大、缩小等。其实，图形的运动和变化又可称为"图形变换"。图形的变换可分为四种：平移变换、旋转变换、轴对称变换、相似变换。①平移变换是指在平面内，将一个图形上的所有点都按照某个方向作相同距离的移动，简称"平移"。平移不改变物体的形状和大小，平移既可以是水平的，也可以不是水平的。②旋转变换是指在平面内，把一个图形绕某一点旋转一个角度的图形变换。其中，这个点叫作旋转中心，旋转的角叫作旋转角。③轴对称变换是指在平面内，将一个图形沿一条直线折叠，直线两旁的部分能够完全重合的图形被称为"轴对称图形"，这条直线就叫作对称轴。④相似变换是指由一个图形改变到另一个图形的过程，在改变的过程中保持形状不变（大小方向和位置可变）。

从心理学的角度，图形的变换过程是对所形成的心理表象进行心理操作的过程，只不过其心理操作必须遵循一定的操作规则，并且，这些操作规则可以外化为实际操作的画法。因此，初中阶段所学习的四种图形变换是一种半具体、半想象的心理操作活动。由于其"可操作性"而易于被学生接受与掌握，又由于其"想象性"而能够促进学生空间想象能力的发展。况且，此四种变换是作基础图形变换，通过不同变换的组合可以创造新的图形，因此又是进行创新、创造的基础与前提。

在中考试题中，往往以图形变换为背景，既可以结合其他内容一起来考查，也可以单独考查图形变换能力。例如：

（2021 年广东）如图 6-7，边长为 1 的正方形 $ABCD$ 中，点 E 为 AD 的中点，连接 BE，将 $\triangle ABE$ 沿 BE 折叠得到 $\triangle FBE$，BF 交 AC 于点 G，求 CG 的长.

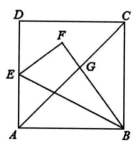

图 6-7

（2021 年深圳）如图 6-8 所示，在正方形网格中，每个小正方形的边长为 1 个单位.

（1）过直线 m 作四边形 $ABCD$ 的对称图形；

（2）求四边形 $ABCD$ 的面积.

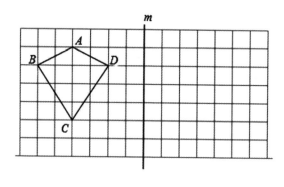

图 6-8

（2022 年安徽）如图 6-9，在由边长为 1 个单位长度的小正方形组成的网格中，$\triangle ABC$ 的顶点均为格点（网格线的交点）.

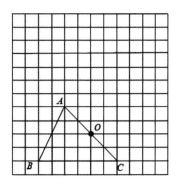

图 6-9

（1）将 $\triangle ABC$ 向上平移 6 个单位，再向右平移 2 个单位，得到 $\triangle A_1B_1C_1$，请画出 $\triangle A_1B_1C_1$；

（2）以边 AC 的中点 O 为旋转中心，将 $\triangle ABC$ 按逆时针方向旋转 $180°$，得到 $\triangle A_2B_2C_2$，请画出 $\triangle A_2B_2C_2$.

第 3 节 空间观念的培养及反思

空间观念以空间知觉为基础，同时是形成空间想象力的基础。因此，对空间观念的培养既要遵循学生的认知发展规律，又要以提高学生的空间想象力为方向，才不至于为考试而教学。

◎3.1 以空间知觉为基，遵循学生认知发展规律

空间知觉包括对方位距离（或深度）、形状、大小等的辨别。有关研究表明，3 岁能辨别上下，4 岁开始辨别前后，5 岁开始能以自身为中心辨别左右，6 岁也只能达到完全正确地辨别上下前后 4 个方位的水平。但由于左右空间关系的相对性比较突出，7—8 岁儿童掌握起来都比较困难。对于几何思维发展的研究，比较有代表性的是范希尔夫妇的研究。在 1957 年，他们提出了几何思维的五个水平（表 6-2）。

表 6-2 几何思维的五个水平

水平0	视觉	通过整体轮廓辨认图形，能画图和仿画图形，无法通过图形的特征或要素名称来分析图形，也无法对图形做概括的论述
水平1	分析	按照外观来识别和操作形状和另外一些几何图形；不关心几何性质或所表示图形种类的特征化，也无法了解图形的定义，无法建立图形之间的联系
水平2	非形式化的演绎	通过几何图形的性质来识别图形，能探索几何图形的内在属性以及性质之间的关系，并能确定图形具有的特征
水平3	形式演绎	可以了解到证明的重要性并了解"不定义元素"，"公理"和"定理"的意义，能够以逻辑推理理解几何学中的公理，定义等，也能推理出新的定理，建立定理之间的关系网。能够通过所给的充分必要条件进行几何证明
水平4	严密性	思维对象是几何演绎的公理系统，学生可以理解不同的公共系统，能在不同的公理系统下严谨地建立定理

潘小明认为，从儿童形成空间观念的心理特点来看，儿童的空间观念的形成大致经历了这样几个阶段：具体（实物直观，如具有相应几何形体的实物）→半具体（模象直观，如已被构造出来的实物模型）→半抽象（图象抽象，如用图呈现的标准图形）→抽象（概念抽象，在大脑中建立对象的本质属性）。

吴宏等研究了澳大利亚维多利亚州《课程与标准框架》关于数学空间能力水平的划分，其中关于图形概念的发展可分五个阶段：

（1）开始辨认、描述和比较所观察和操作的简单的二维图形和三维物体；

（2）依据二维图形和三维物体的构成部分，识别图形和物体；

（3）同时描述二维图形和三维物体并对它们进行比较；

（4）运用几何原理，识别、描述、分类、比较图形，预测图形变化，包括二维图形、三维物体的特征；

（5）运用已知的图形性质来证明观察结果，并探析其更多性质。

通过以上的分析，我们可以很好地理解《课程标准（2022 年版）》在各学段的学习任务要求：

第一段（1—2年级）：通过实物和模型辨认简单的立体图形和平面图形，能对图形分类，会用简单图形拼图。能辨认长方体、正方体、圆柱、球等立体图形，能直观描述这些立体图形的特征；能辨认长方形、正方形、平行四边形、三角形、圆等平面图形，能直观描述这些平面图形的特征。能根据描述的特征对图形进行简单分类。会用简单的图形拼图，能在组合图形中说出各组成部分图形的名称；能说出立体图形中某一个面对应的平面图形。形成初步的空间观念。

第二段（3—4年级）：能根据具体事物、照片或直观图辨认从不同角度观察到的简单物体。结合实例，感受平移、旋转、轴对称现象。在感受图形的位置与运动的过程中，形成空间观念和初步的几何直观。

第三段（5—6年级）：

（1）能根据参照点的方向和距离确定物体的位置；会在实际情境中，描述简单的路线图。

（2）能用有序数对（限于自然数）表示点的位置，理解有序数对与方格纸上点的对应关系。

（3）了解比例尺，能利用方格纸按比例将简单图形放大或缩小。

（4）能在方格纸上进行简单图形的平移和旋转；认识轴对称图形和对称轴，能在方格纸上补全简单的轴对称图形。

（5）能从平移、旋转和轴对称的角度欣赏生活中的图案，能借助方格纸设计简单图案，感受数学美，形成空间观念。

第四段（7—9年级）：（1）图形的轴对称；（2）图形的旋转；（3）图形的平移；（4）图形的相似；（5）图形的投影。

◎3.2 以动手操作为辅，帮助学生积累空间表象

相关研究指出，儿童的空间表象不是以他们的空间环境感觉读出的，而是从早期那些环境的活动操作中构造的，他们是依靠经验开始几何学习并逐

步形成空间观念的。即儿童所学的几何不是论证几何，更多的是一种经验几何或实验几何。因此，儿童空间观念的形成更多地依赖于动手操作和直观感知，通过不断地尝试搭建、选择分类、组合分解等活动来加深对图形直观特征的体验，逐步积累几何知识和经验，不断丰富自己的想象，从而形成空间表象。可以说，已有的经验是空间观念的起点。《课程标准（2022 年版）》给出的教学提示如下：

第一段（1—2 年级）：图形的认识教学要选用学生身边熟悉的素材，鼓励学生动手操作。

第二段（3—4 年级）：能在实际情境中，辨认出生活中的平移、旋转和轴对称现象，直观感知平移、旋转和轴对称的特征，能利用平移或旋转解释现实生活中的现象，形成空间观念。

第三段（5—6 年级）：借助现实生活中的实物，引导学生通过观察、操作等活动……通过操作、转化等活动探索立体图形的体积和表面积的计算方法。让学生借助折叠纸盒等活动经验……培养空间观念和空间想象能力。

第四段（7—9 年级）：图形的变化的教学。应当通过信息技术的演示或者实物的操作，让学生感悟图形轴对称、旋转、平移变化的基本特征。

◎3.3 以空间想象力为导向，引导学生开展丰富想象

空间想象力以个体空间知觉为生物基础，以所形成的空间表象为操作对象，但不能仅停留于"观察到的感性表象"和"动手操作获得的经验"，更需要基于空间表象的"想"。即随着年级的升高，学习的进行，学习的内容要从"有物"到"无物"、从"有图"到"无图"。由于科学技术的进步，教学可以借助多媒体技术展示形象、逼真的三维图像，既解决教师上课"口说无凭"之困，也解决学生"难以想象"之苦。但由于过多地依赖多媒体技术，很多教师已无法适应不使用多媒体的课堂。当脱离电脑图像的辅助时，学生就不会思考、不肯想象。从古至今，很多的理论、学说、发明都是通过科学家们

的苦思冥想而得到。因此，实物操作、电脑图像展示等只是提升空间观念的辅助手段，引导学生去"想"才是关键。那么，应如何引导学生去"想"呢？以及应遵循什么原则呢？

首先，宜早不宜迟。根据皮亚杰的认知发展理论，儿童的认知发展顺序是感知运动阶段→前运算阶段→具体运算阶段→形式运算阶段，但并不是说在教学前阶段（如第一、第二学段）就不能发展儿童的空间想象，恰恰相反，我们正是需要发挥学习对人发展的促进作用。作为思维的科学，数学学习更核心的任务与作用是促进人的思维发展。因此，低年级阶段空间图形教学中，不能只局限于实物的操作与摆弄，而是要在实物操作的基础上引导学生去想象物体的形状、位置关系、大小等。韩龙淑等认为小学几何虽然以直观几何和实验几何为主，需要突出儿童观察、实验、操作、交流等活动过程，但数学是思维的科学，数学教学是数学思维活动的教学，需把教学的重点置于培养学生"动脑"思考上。

其次，由标准图形到不标准图形，由简单图形到组合图形。如北师大版《义务教育教科书 数学 九年级 上册》第五章《投影与视图》的设计思路是先研究圆柱、圆锥、球和直棱柱四种基本物体的三种视图，再研究四种基本物体的分拆图形、组合图形；先研究物体"常规视角"摆放时的三种视图的画法，再研究"非常规视角"摆放时的三种视图的画法。正是经历了从简单至困难的想象过程，空间想象能力才能发展与提高。

最后，加强二维与三维图形的联系和转换。《课程标准（2022 年版）》所提出的"能够根据物体特征抽象出几何图形，根据几何图形想象出所描述的实际物体"，既是空间观念所要达到的标准与要求，也是培养空间观念的训练方法。二维与三维之间的转换是"实物的几何化"的能力，也是几何图形与实际物体的相互转换，实现映像与实物的有效衔接。孙晓天等认为，从普通生活中的情景出发，在分析讨论的基础上找出数学模型，通过思考和简单的实验，不断认识、了解和把握实物与相应的平面图形之间的相互转换关系……二维和三维空间之间的界限就会越来越模糊，空间观念就可以逐步形成。

【拓展阅读】

心理旋转实验

    1971 年美国斯坦福大学的心理学家谢帕德（R.Shepard）和梅茨勒（Metzler）等做了一系列实验。实验的材料是一些对不同方位的立方体的二维形式图（图 6-10）。图中的 A 和 B 是两对完全相同的图形，所不同的仅仅是它们的方位，A 中两个物体在平面上相差 80 度角，B 中两个物体的深度上相差 80 度角。C 中的一对物体是两个方位和结构都不同的物体。谢帕德和梅茨勒制作了一千六百对这类图片，他们请了八位成人被试者进行判断实验。被试者报告了他们判断时使用的方法：首先是把一个物体图形在心理旋转，直到与另一物体的方位相同，然后进行匹配比较，从而作出完全相同或完全不同的判断。以被试者对八百对同物图片判断的结果，可以看出，无论图片所示的物体是在平面上调转（通过旋转画纸就可以实现），还是在三维深度中旋转（把物体方位旋"进"画纸中去），判断所用的时间同两物图片上的角度差异呈线性关系，即旋转的度数越大，反应所用的时间越长。

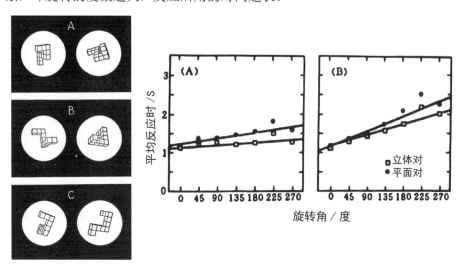

图6-10 对不同方位的立方体的二维形式图

心理旋转实验说明了以下重要事实：（1）表象这一心理现象是客观存在的，是可以用科学的实验方法证明的。心理旋转实验恰恰证明了表象的存在，并非像行为主义心理学所断言的那样，外界刺激传入大脑，就如同进入黑暗的环境，人们无法知道头脑是怎样活动的。也不像机能主义心理学那样，单凭被试者的内省报告就来分析人的心理活动。认知心理学用实验进一步揭露信息在大脑中进行加工的过程。（2）证明了表象是物体的抽象的类似物的再现。在没有刺激呈现的情况下，头脑中出会对视觉信息和空间信息进行加工。表象是真实物体的类似物，它是以观念的形式存在于头脑中的，它具有直观性。大脑对表象的加工操作类似于对真实物体进行知觉时的信息加工。事实上，心理旋转正是真实的物理旋转的一种类似物。表象是这种实物旋转在头脑中的复现而已，并且复现时不受任何感觉通道的束缚。（3）实验验证了表象的可操作性。

第7章 推理能力

第1节 概念综述

推理是人们学习、工作和日常生活中经常进行的一种思维活动，历来是逻辑学、心理学以及认识论研究的重要对象。世界各国现行的数学课程标准不约而同地将推理论证能力作为培养学生数学能力的重要指标之一，在中国，推理的培养同样备受重视。三个版本的课程标准对推理能力描述的侧重点各不相同，前后是一脉相承呢？还是各有所侧重？相比于前两版，《课程标准（2022年版）》出现比较大的变化。这些变化是什么？给予的启示又是什么？下面分六个方面进行论述。

◎1.1 内容的变化

为了方便进行内容对比与观点论述，将三个版本关于推理能力的描述摘录（表7-1）：

表 7-1 三个版本的课程标准关于推理能力的内容描述

版本	内容
《课程标准（实验稿）》	推理能力主要表现在：能通过观察、实验、归纳、类比等获得数学猜想，并进一步寻求证据、给出证明或举出反例；能清晰、有条理地表达自己的思考过程，做到言之有理、落笔有据；在与他人交流的过程中，能运用数学语言合乎逻辑地进行讨论与质疑

续表

版本	内容
《课程标准（2011年版）》	推理能力的发展应贯穿于整个数学学习过程中。推理是数学的基本思维方式，也是人们学习和生活中经常使用的思维方式。推理一般包括合情推理和演绎推理：合情推理是从已有的事实出发，凭借经验和直觉，通过归纳和类比等推断某些结果；演绎推理是从已有的事实（包括定义、公理、定理等）和确定的规则（包括运算的定义、法则、顺序等）出发，按照逻辑推理的法则证明和计算。在解决问题的过程中，两种推理功能不同，相辅相成：合情推理用于探索思路，发现结论；演绎推理用于证明结论
《课程标准（2022年版）》	推理意识主要是指对逻辑推理过程及其意义的初步感悟。知道可以从一些事实和命题出发，依据规则推出其他命题或结论；能够通过简单的归纳或类比，猜想或发现一些初步的结论；通过法则运用，体验数学从一般到特殊的论证过程；对自己及他人的问题解决过程给出合理解释。推理意识有助于养成讲道理、有条理的思维习惯，增强交流能力，是形成推理能力的经验基础（小学）
	推理能力主要是指从一些事实和命题出发，依据规则推出其他命题或结论的能力。理解逻辑推理在形成数学概念、法则、定理和解决问题中的重要性，初步掌握推理的基本形式和规则；对于一些简单问题，能通过特殊结果推断一般结论；理解命题的结构与联系，探索并表述论证过程；感悟数学的严谨性，初步形成逻辑表达与交流的习惯。推理能力有助于逐步养成重论据、合乎逻辑的思维习惯，形成实事求是的科学态度与理性精神（初中）

《课程标准（实验稿）》界定的推理能力是指通过"观察、实验、归纳、类比"猜想结论，进而证明结论，没有区分推理的种类。给出评价表现为：清晰、有条理地表达，合乎逻辑地进行讨论与质疑。《课程标准（2011年版）》指出推理的重要性，将推理分为两类：合情推理和演绎推理。并明确两类推理的内涵及作用：合情推理用于探索思路，发现结论；演绎推理用于证明结论。《课程标准（2022年版）》对不同阶段提出了不同的要求：小学阶段培养推理意识（逻辑推理），既要知道"依据规则可以推出结论"，也要能够通过"归纳与类比"猜想或发现结论，为推理能力的形成准备经验基础。初中阶段培养推理能力，明确推理能力是指由"条件"依据规则推出"结论"的能力。

并提出能力培养七个目标与要求：①理解逻辑推理的重要性；②初步掌握推理的基本形式和规则；③通过特殊结果推断一般结论；④理解命题的结构与联系；⑤探索并表述论证过程；⑥感悟数学的严谨性；⑦形成逻辑表达与交流的习惯。

相对于前两个版本，《课程标准（2022 年版）》不再将推理进行形式上的分类，突出强调了能力达成的要求，并做了细化的实质性描述。这给教材的编写、教师的教学、中考试题的制定等提供了较为明确的范围与导向。

◎1.2 推理的分类

对比三个版本的课程标准可发现，它们对推理能力的界定呈现"合 — 分 — 合"的变化。《课程标准（实验稿）》的推理是指从"猜想结论"到"证明结论"的过程，虽然没有明确区分不同种类，但从表述可看出将推理分为归纳推理、类比推理、演绎推理。《课程标准（2011 年版）》将归纳推理、类比推理归类为合情推理，从而将推理分为"合情推理"和"演绎推理"。曹培英认为，推理具有多样性，可以根据不同的标准进行分类：依据推理形式的不同，可以将推理分为演绎推理、归纳推理和类比推理；根据推理的内涵，推理是"由已知判断推出未知判断"，其本质是从已有知识得出新知识。由此可见，《课程标准（实验稿）》和《课程标准（2011 年版）》都是按推理的形式对推理进行界定。《课程标准（2022 年版）》是按推理的内涵对推理进行界定：依据"事实和命题"推出"命题或结论"的过程。这与《普通高中数学课程标准（2017 版）》对逻辑推理素养的界定基本一致：从一些事实和命题出发，依据规则推出其他命题的素养。

另外，对于"合情推理"的名称，自在《课程标准（2011 年版）》中首次提出之后就受到一些学者的质疑。波利亚通过比照亚里士多德的"三段论"推理论证模式建立了科学研究或数学研究的推理模式，即"合情推理"。但合情推理模式并未提供新的知识，而是对已有的推理知识做了一些个性化解释。

这些解释并没有把人们对推理模式的认识推向深入，反而因为用了"合情推理"这个词，使得思维过程中归纳推理与类比推理的作用变得模糊不清。"合情推理"成了将归纳、类比、观察、猜想等掺杂在一起的"一锅烩"推理。在《课程标准（2022 年版）》中，用逻辑推理代替了"合情推理""演绎推理"等名称，避免因名称的不同而引起思维的模糊不清。

◎1.3 合情推理与演绎推理的关系

郑欣对 20 世纪以来中国初中数学课程标准中推理论证能力的变化进行研究指出，无论是推理论证的总体发展趋势，或合情推理和论证推理间的关系，均呈现课程发展的"钟摆"现象，四个历史时期"合情推理"与"演绎推理"的情况对比如表 7-2 所示。

表 7-2 四个历史时期"合情推理"与"演绎推理"的情况对比

阶段	时间	相关结论
第一阶段	新中国成立前	推理论证能力在中国课程纲要中的首次登场；合情推理比重大于论证推理
第二阶段	1949 年到改革开放前	数学教学不断追求形式化演绎，合情推理处于下降趋势
第三阶段	改革开放到中国"义务教育法"颁布	合情推理的关注开始逐渐上升
第四阶段	中国实行义务教育制度之后——《义务教育阶段数学课程标准（2011 年版）》	合情推理比重稳步提升，合情推理与论证推理两者不断地趋向于平衡

在《课程标准（2011 年版）》颁布之后，有学者研究后指出，我国的数学推理教学已由原先的强调逻辑推理，逐步转向对合情推理的重视，出现了一定的淡化逻辑推理的趋向；数学课程、教学中对合情推理的重视在不断加强，在教材中，许多概念、法则被设计为通过归纳或类比引出。从《课程标准（2022

年版)》中，可以看到对"逻辑推理"的侧重：理解逻辑推理的重要性、初步掌握推理的基本形式和规则、理解命题的结构与联系、探索并表述论证过程、感悟数学的严谨性、形成逻辑表达与交流的习惯。而对"合情推理"的表述只有一句：通过特殊结果推断一般结论。

可见，《课程标准（2011 年版)》的"钟摆"偏向合情推理，而《课程标准（2022 年版)》的"钟摆"又偏向了论证推理。其实，对于如何处理合情推理与演绎推理的关系，恩格斯很早就指出："归纳和演绎正如分析与综合一样，是必然互相联系着的，不应当牺牲一个而把另一个捧到天上去，应当把每一个都用到该用的地方去，而要做到这一点，只有注意它们的相互联系，它们的相互补充。"合情推理和论证推理的演变在百余年"躁动"的教育思潮下复刻了教育的"钟摆现象"。而解决该问题的路径在于寻求合情推理与论证推理间的平衡点，探索具有中国特色的数学课程体系。

◎1.4 推理的基本形式和规则

所有推理都是由前提、结论和推理形式三部分组成：前提是推出结论的依据；结论是前提引出的结果；推理形式是指结论与前提之间的联系方式，即指推理的逻辑结构，是形式逻辑研究推理的主要内容。《课程标准（2022 年版)》提出要"初步掌握推理的基本形式和规则"，那么推理的基本形式和规则是什么呢？不同形式的推理具有不同的推理形式，所以这里按推理形式将推理分为演绎推理、归纳推理和类比推理三类，再考察不同推理的基本形式和规则。

1.4.1 演绎推理

演绎推理具有多种推理形式，如三段论、关系推理、假言推理等。

1.4.1.1 三段论

三段论一般由三部分组成，大前提是已知的一般原理，小前提是所研究的特殊情况，结论是根据一般原理，对特殊情况作出判断。例如，利用两直线平行证明两角相等。

一般来说，推理过程不仅是一个三段论，还需要由多个三段论组合在一起。由几个三段论联结在一起构成"复合式三段论"。例如，在三角形的全等证明中，先分别证得全等的三个结论，再将这三个结论联结在一起共同构成两三角形全等的条件。例如：

已知：AB 与 CD 相交于点 O,O 是 AB 的中点，$\angle A = \angle B$（图7-1）。

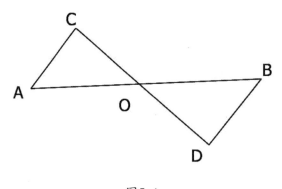

图7-1

求证：$\triangle AOC \cong \triangle BOD$

证明：$\because O$ 是 AB 的中点

　　　$\therefore OA = BO$　　　三段论（1）

　　　$\because \angle AOC$ 与 $\angle BOD$ 是对顶角

　　　$\therefore \angle AOC = \angle BOD$　　　三段论（2）

　　　$\because \angle A = \angle B$

$\therefore \triangle AOC \cong \triangle BOD.$

1.4.1.2 关系推理

关系推理是指将关系判断作为前提或结论，包含以下三种形式：

（1）对称关系推理：若 A ＝ B, 则 B ＝ A.

（2）自反关系推理：若 A ≥ B 且 A ≤ B, 则 A ＝ B.

（3）传递关系推理：若 A ≥ B, B ≥ C, 则 A ≥ C.

例如，北师大版《义务教育教科书 数学 八年级 上册》182 页例 3，就是一种传递关系推理：

已知：如图 7-2 所示，P 是 $\triangle ABC$ 内一点，连接 PB，PC.

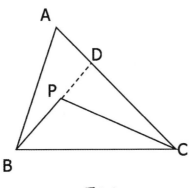

图 7-2

求证：$\angle BPC > \angle A.$

证明：如图，延长 BP，交 AC 于点 D.

∵ $\angle BPC$ 是 $\triangle PDC$ 的一个外角（外角的定义），

∴ $\angle BPC > \angle PDC$（三角形的一个外角大于任何一个和它不相邻的内角）.

∵ $\angle PDC$ 是 $\triangle ABD$ 的一个外角（外角的定义），

∴ $\angle PDC > \angle A$（三角形的一个外角大于任何一个和它不相邻的内角）.

∴ $\angle BPC > \angle A.$

1.4.1.3 假言推理

假言推理是以假言判断为前提的一种演绎推理。所谓假言判断是指事物之间存在的某种条件联系，共有四种不同的形式（表 7-3）。

表 7-3 假言推理的四种形式

前提： 如果P（前件） 那么Q（后件）	前提：如果三角形有两条边相等，那么三角形是等腰三角形
肯定前件	（前提同上）△ABC中，AB＝AC，那么△ABC是等腰三角形吗？ （正确答案：△ABC是等腰三角形）
否定前件	（前提同上）△ABC中，AB≠AC，那么△ABC是等腰三角形吗？ （正确答案：△ABC不一定是等腰三角形）
肯定后件	（前提同上）△ABC是等腰三角形，那么AB＝AC吗？ （正确答案：AB不一定等于AC）
否定后件	（前提同上）△ABC不是等腰三角形，那么AB＝AC吗？ （正确答案：AB不一定等于AC）

在教学过程中，教师常利用假言推理去教授学生学习定理、法则、规律等。

1.4.2 归纳推理

"归纳"是通过特殊结果推断一般结论，即由特殊（个别）性知识推出一般性（全体）结论。根据前提所考察对象的范围，归纳推理又可分为完全归纳推理和不完全归纳推理。

完全归纳推理由于考察了对象的所有可能情况，因而结论是可靠的，是必然推理。但由于完全归纳推理考察了所研究对象的所有可能情况，很多时候是难以实现的，故完全归纳法的应用有很大的局限性。例如，哥德巴赫猜想：任意大于2的偶数都可写成两个质数之和。若用完全归纳法证明，则要考察所有偶数，但偶数的个数是无限、不可穷尽的。

不完全归纳推理则是考察某类事物的部分对象，由此推出一般结论。结论可能真，也可能假，是或然性推理。根据前提是否揭示了对象与其属性之间的因果联系，不完全归纳推理可再分为"简单枚举归纳推理"和"科学归纳推理"。例如，历史上有许多数学家做了抛硬币试验（表7-4），然后作不完全归纳推断统计结论：正面朝上的频率约为0.5。

表 7-4 历史上数学家做抛硬币试验次数统计表

试验者	试验总次数n	正面朝上的次数m	正面朝上的频率$\frac{m}{n}$
布丰	4040	2048	0.5069
德·摩根	4092	2048	0.5005
费勒	10000	4979	0.4979
皮尔逊	12000	6019	0.5016
皮尔逊	24000	12012	0.5005
维尼	30000	14994	0.4998
罗曼诺夫斯基	80640	39699	0.4923

资料来源：北师大版《义务教育教科书 数学 七年级 下册》第 147 页。

科学归纳推理是指在考察（观察或实验等）某类事物的部分对象的基础上，通过分析找出原因，以此为依据，由点及面推出结论的归纳推理。例如，北师大版《义务教育教科书 数学 七年级 上册》62 页的习题 3 就是用科学归纳推理进行解决：

将一个边长为 1 的正方形纸片分割成 7 个部分，部分②是部分①面积的一半，部分③是部分②面积的一半，依次类推（图 7-3）。

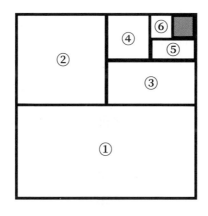

图 7-3

（1）阴影部分的面积是多少？

（2）受此启发，你能求出 $\frac{1}{2}+\frac{1}{4}+\frac{1}{8}+\cdots+\frac{1}{2^6}$ 的值吗？

科学归纳推理又称归纳法，通常是从观察、实验开始，审慎地考察各个特殊的结论，并运用比较、分析、综合、抽象、概括等一系列的逻辑方法，作出猜想或假设，再用演绎法来进行验证，保留正确的，舍弃错误的。归纳法比较直观，极易为初学者所接受。所以，在研究一个新的数学问题或学习新的数学知识时，通常将归纳与演绎两种方法结合起来统一运用。

1.4.3 类比推理

类比推理是由特殊到特殊的推理，即以两个或两类对象有部分属性相同为前提，推出它们的其他属性也有相同的结论，也称类推。例如，由分数的性质类比推理分式的性质；由三角形全等的判定类比推理三角形相似的判定。类比是由已知探索未知的一种重要方法，是重要的数学学习研究。类比有多种方法：①概念性类比，通过概念类比来揭示概念的本质性和非本质性，进而建立新的概念。例如，通过"轴对称图形"与"成轴对称图形"之间的类比来区分两者的异同。②过程性类比，通过过程性类比展示知识的发生、发展、形成的过程，从而理解知识的来龙去脉，形成知识网络，使学生抓住问题的本质，加深对问题的理解。例如，通过"解一元一次方程"与"解一元一次不等式"的类比，可加深学生对变换的理解。③方法性类比，对问题进行多角度、多方面的类比探讨与研究，加深学生对方法本质的理解。例如，在解一元二次方程过程中的"配方法"与"因式分解法"的类比，体会解方程方法的实质是"降次消元"。

从数学思想方法的角度可看出三种推理形式的不同：演绎推理是从"一般结论"推理得到"特殊结论"；归纳推理是从"特殊结论"推理得到"一般结论"；类比推理是从"特殊结论"推理得到"特殊结论"。

◎1.5 推理意识与推理能力

推理能力的培养可分为两阶段：小学阶段与初中阶段。小学阶段主要培养推理意识；初中阶段主要培养推理能力。在心理学上，意识是指人以感觉、知觉、记忆和思维等心理活动过程为基础，系统地对自身状态和外界环境变化的觉知。意识是指有能力对一个事物进行"聚焦"，也就是有能力将自己的注意力集中在某些对象上，这种"聚焦"能力是意识本质。推理意识，就是学生有能力"聚焦"于数学推理，能够清晰地觉知推理过程。因此，《课程标准（2022 年版）》对推理意识的培养要求是"对……的初步感悟，知道……；体验……对……给出合理解释。"因此，在教学过程中，教师要有意识地让学生体会、感悟推理的方式、过程、作用等，"养成讲道理、有条理的思维习惯，增强交流能力"。

能力是影响活动效率及顺利实现某种活动的个性心理特征，是能够完成一项目标或者任务所体现出来的综合素质。推理能力是指能顺利进行数学推理活动的能力。要顺利完成推理活动，就需要"理解逻辑推理的重要性及作用""掌握推理的基本形式和规则""理解命题的结构与联系"，并能够"表述论证过程"，从而"养成重论据、合乎逻辑的思维习惯，形成实事求是的科学态度与理性精神"。

◎1.6 命题的结构与联系

命题是指用语言、符号或式子表达的可以判断真假的陈述句。简单地说，命题就是判断。在金岳霖的著作《形式逻辑》中，推理就是根据一个或一些判断得出另一个判断的思维过程。因此，命题蕴涵着推理的思维过程。

1.6.1 命题的结构形式

从命题的结构形式来看，命题的基本成分是"条件"和"结论"，其结构形式是"若……则……"或"如果……那么……"，"条件""结论"的不同组合即构成四种命题：原命题（若 p 则 q）、逆命题（若 q 则 p）、否命题（若非 p 则非 q）、逆否命题（若非 q 则非 p）。命题除包含"条件"和"结论"两个基本成分外，通常还需要明确讨论范围或对象的限定语，称作"论域"。例如，原命题"在直角三角形中，如果一个锐角等于 30°，那么它所对的直角边等于斜边的一半"的论域为"在直角三角形中"，条件为"一个锐角等于 30°"，结论为"30°的角所对的直角边等于斜边的一半"。此命题的逆命题为"在直角三角形中，如果一条直角边等于斜边的一半，那么这条直角边所对的角等于 30°"，原命题与逆命题有相同的论域。为了叙述方便与简洁，命题可以省略联结词"若……，则……"和"如果……，那么……"，可称为"隐性结构"。例如，"菱形的对角线互相垂直平分"为隐性结构命题，可将其拓展为显性结构"若四边形是菱形，则它的对角线互相垂直平分"。

1.6.2 命题的陈述内容

史宁中教授认为，就命题陈述的内容而言，数学命题可分为"性质命题"和"关系命题"。性质命题，其命题陈述内容涉及研究对象本身的性质。例如，命题"三角形三个内角和为 180°"所陈述的对象是"三角形三个内角"，性质是"三个内角的和为 180°"。关系命题，其命题陈述内容涉及两个或多个研究对象之间的关系。例如，命题"三组对应边分别相等的两个三角形全等"所陈述的是两个三角形之间的关系。《课程标准（2022 年版）》要求学生要"理解"命题的结构与联系，那么，首先要清楚每一命题所陈述的内容，即论域、条件、结论分别是什么，能够将隐性命题结构扩展成显性命题结构；其次，要清楚条件与结论的内在逻辑关系，即既要知道由条件能够推出结论（知其然），还要明了由条件如何能够推出结论（知其所以然）。

从"双基"出发的中国数学教育，始终在发展之路上，逐渐形成有中国特色的数学教育。有特色，是因为中国数学教育承载着落实"立德树人"根本任务、发展素质教育的功能；有特色，是因为中国数学教育勇于架起传统与发展之间的桥梁。只有清醒地认识过去，才能更好地走向未来，希望借助三个版本的对比，既将过去与未来联系在一起，也在理论与实践之间架起一座桥梁。

第 2 节 什么是有逻辑的推理？

——以2022年广东省中考数学第18题为例

《课程标准（2011 年版）》指出：推理一般包括合情推理和演绎推理……演绎推理是从已有的事实（包括定义、公理、定理等）和确定的规则（包括运算的定义、法则、顺序等）出发，按照逻辑推理的法则证明和计算。《课程标准（2022 年版）》指出初中阶段学生的逻辑推理能力的目标要求：理解逻辑推理在形成数学概念、法则、定理和解决问题中的重要性，初步掌握推理的基本形式和规则……感悟数学的严谨性，初步形成逻辑表达与交流的习惯。两种版本的课程标准都提到"逻辑推理的法则"或"推理的基本形式和规则"，但并未明确法则或规则是什么。那么，学生需要掌握的逻辑推理的基本形式和规则是什么？什么才是有逻辑的推理？怎么样才是符合逻辑的表达与交流？这给教师的教学造成很大的模糊性和不确定性。就以上的问题，下面结合 2022 年广东中考数学第 18 题的一道几何证明题的答题情况进行分析与论述。

◎2.1 试卷原题

如图 7-4，已知 $\angle AOC = \angle BOC$，点 P 在 OC 上，$PD \perp OA$，$PE \perp OB$，垂足分别为 D，E.

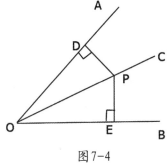

图 7-4

求证：$\triangle OPD \cong \triangle OPE$.

◎2.2 问题分析

本题是一道证明两个三角形全等的基础题，几乎没什么思维难度。证明思路也比较直接、明朗：

思路一： 由 $PD \perp OA, PE \perp OB$ 得到 $\angle PDO = \angle PEO = 90°$，再由 $\angle AOC = \angle BOC, OP = OP$，即可得证（AAS）.

思路二： 由 $\angle AOC = \angle BOC$ 得 OC 为角平分线，因为 $PD \perp OA, PE \perp OB$ 即可得到 $PD = PE$，再由 $OP = OP$，即可得证（HL）.

但从学生答题的情况来看，笔者为学生能力素养的培养而深为忧虑。学生在书写证明三角形全等的过程中，存在着以下几种典型的问题：

2.2.1 条件多余

在推理过程中，为了得出结论，用了多余的条件，导致因果关系不明显，如

$\because \angle AOC = \angle BOC$（1），

又$\because PD \perp OA, PE \perp OB$（2），

$\therefore \angle PDO = \angle PEO = 90°$.

注释： 此结论只需要条件（2）即可，而条件（1）显得多余。

2.2.2 结论累赘

$\because \angle AOC = \angle BOC$，

$\therefore OC$ 为角平分线（3）.

又$\because PD \perp OA, PE \perp OB$（4），

$\therefore PD = PE, \angle PDO = \angle PEO = 90°$.

注释： 按证明的思路，应是利用角平分线的性质由条件（3）和（4）得出 $PD = PE$，而结论 $\angle PDO = \angle PEO = 90°$ 则显得多余与突兀。

2.2.3 条件与结论混合

$\because \angle AOC = \angle BOC$（5），

$\therefore DO = EO, OP = OP$（6），

$\because PD \perp OA, PE \perp OB$（7），

$\therefore \angle PDO = \angle PEO = 90°$（8）.

$\therefore PE = PD$（9）.

$\therefore \triangle OPD \cong \triangle OPE$（10）.

注释 若用条件（5）、（6）、（8）证明三角形全等，依据是"AAS"；若用（6）、（9）证明三角形全等，依据是"HL"。那么此证明过程就是"AAS"与"HL"的混合。

◎2.3 思考与反思

从直觉上，三种推理过程都给人不合逻辑之感，但是，哪里不合逻辑？为什么不合逻辑？下面进行具体分析：

2.3.1 演绎推理的一般模式：三段论

推理是由已知（条件）推出未知（结论）的思维过程。按推理的形式，推理可以分为演绎推理、归纳推理和类比推理。演绎推理有三段论、假言推理、关系推理等形式。三段论是演绎推理的一般模式，经典三段论由三部分组成：大前提（已知的一般原理），小前提（所研究的特殊情况），结论（根据一般原理对特殊情况作出的判断）。如本题中证明 $\angle PDO = 90°$，按照经典三段论书写如下：

大前提：两条直线互相垂直，所成的四个角都是直角

小前提：$PD \perp OA$

结论：$\angle PDO = 90°$

由于大前提是人们所共知原理或结论，为了简洁，往往省略不写或将"大前提"以备注的形式写在"结论"后面，得到了如下简洁表述：

$\because PD \perp OA$ $\therefore \angle PDO = 90°$	$\because PD \perp OA$ $\therefore \angle PDO = 90°$　（两条直线互相垂直，所成的四个角都是直角）

在初中阶段，学生初学证明时，采用的是把"大前提"备注在"结论"后面，例如：

$\because a \parallel b$

$\therefore \angle 1 = \angle 2$（两条平行，内错角相等）

因此，证明 $\begin{cases} \because PD \perp OA, PE \perp OB \\ \therefore \angle PDO = \angle PEO = 90° \end{cases}$ 由以下三段证明组合而成：

$\because PD \perp OA$ $\therefore \angle PDO = 90°$ （1）	$\because PE \perp OB$ $\therefore \angle PEO = 90°$ （2）	$\because \angle PDO = 90°，\angle PDO = 90°$ $\therefore \angle PDO = \angle PDO$ （3）

其中，（1）和（2）是省略了"大前提"的经典三段论，（3）则是关系推理。

2.3.2 逻辑推理的本质：前后连贯

史宁中教授在《试论数学推理过程的逻辑性 —— 兼论什么是有逻辑的推理》一文中指出，逻辑推理的本质在于命题的前后连贯，可抽象出两个特征：①前提所指项始终出现在三个命题之中，②结论命题所表述的性质与前提命题所表述的性质是一致的。通俗地讲，前后连贯是要求从头至尾论述的是同一件事。按此要求，我们即可分析出学生的证明不合逻辑的缘由。

第一种类型：条件多余

> ∵ $\angle AOC = \angle BOC$（1）　又∵ $PD \perp OA, PE \perp OB$（2）
>
> ∴ $\angle PDO = \angle PEO = 90°$　（3）

前提条件（1）论述的是两个角的关系，条件（2）论述的是两直线垂直所成角的角度，所论述不是同一件事；况且，由前面的分析可知，（2）与（3）是由两个"三段论"与一个"关系推理"组合而成，不需要条件（1）。

第二种类型：结论累赘

> ∵ $\angle AOC = \angle BOC$（4）　又∵ $PD \perp OA, PE \perp OB$（6）
>
> ∴ OC 为平角线（5）　　∴ $PD = PE$, $\angle PDO = \angle PEO = 90°$（7）

此证明可拆分如下：

> ∵ $\angle AOC = \angle BOC$
>
> ∴ OC 为平角线
>
> 又∵ $PD \perp OA, PE \perp OB$
>
> ∴ $PD = PE$

> ∵ $PD \perp OA, PE \perp OB$
>
> ∴ $\angle PDO = \angle PEO = 90°$

证明（1）中"三段论"的大前提是"角平分线定理"，小前提是（5）和（6），结论是 $PD = PE$；证明（2）中所包含的"三段论"的大前提是"两条直线互相垂直，所成的四个角都是直角"，小前提是（6），结论是 $\angle PDO = 90°$，$\angle PEO = 90°$。两者虽有一条公共的小前提（6），但大前提的所指项是不同的，所论述的也就不是同一件事。

第三种类型：条件与结论混合

复合式三段论是"由几个三段论联结在一起构成的"。联结形式是"前一个三段论的结论作为后一个三段论的前提"。在三角形的全等证明中，先分别证得全等的 3 个结论，再将这 3 个结论作为两三角形全等的条件。学生初学三角形全等证明的书写时，要求用大括号将 3 个结论写在一起，再得出最终结论。例如，本题的完整证明如下：

$\because PD \perp OA, PE \perp OB$

$\therefore \angle PDO = \angle PEO = 90°$

在 $\triangle OPD$ 和 $\triangle OPE$ 中

$\begin{cases} \angle PDO = \angle PEO \\ \angle AOC = \angle AOB \\ OP = OP \end{cases}$

$\therefore \triangle OPD \cong \triangle OPE$

或

$\because \angle AOC = \angle BOC$

$\therefore OC$ 为平角线

又 $\because PD \perp OA, PE \perp OB$

$\therefore PD = PE$

在 $\triangle OPD$ 和 $\triangle OPE$ 中

$\begin{cases} PD = PE \\ OP = OP \end{cases}$

$\therefore \triangle OPD \cong \triangle OPE$

按逻辑推理"前后连贯"的要求，若用"AAS"定理作为大前提，则整个过程必须围绕"AAS"一条主线；同理，若用"HL"定理作为大前提，则整个过程必须围绕"HL"一条主线。一个证明同时出现两条主线就显得条理不清、逻辑混乱。

◎2.4 教学建议

2.4.1 恰当处理"合情推理"与"演绎推理"的关系

《课程标准（2011 年版）》中关于"合情推理用于探索思路，发现结论"的论述，常常被认为是培养学生创新意识和解决问题能力的前提和关键。近年来，数学课程、教学中对合情推理的重视在不断加强，在教材中，许多概念、法则被设计为通过归纳或类比引出。我国的数学推理教学已由原先的强调逻辑推理，逐步转向对合情推理的重视，出现了一定的淡化逻辑推理的趋向。在教学过程中，侧重于思路的探索与分析，弱化了逻辑表达要求，导致很多学生不会写、乱写证明推理。以上分析的几种书写证明，学生只是将条件与结论进行胡乱堆砌，虽然条件与结论都没有错，但条件与结论没有内在的逻辑联系，前后不连贯，属于不合逻辑的推理。

曹培英指出，在数学学习过程中应当让合情推理占有适当的位置，但不该为了肯定、重视合情推理而贬低演绎推理。宁连华通过分析各阶段的数学推理观，认为数学推理不仅在于逻辑推理，还在于把逻辑推理视为数学推理的根本特性；演绎推理涉及数学推理的本质，其他方面的推理，无非是对演绎推理的丰富与发展。《课程标准（2022 年版）》已经取消了《课程标准（2011 年版）》中"推理一般包括合情推理和演绎推理"的表述与界定，《普通高中数学课程标准（2017 年版）》也是把"逻辑推理"作为六大核心素养之一。可见，从国家课程的高度对当前弱化"逻辑推理"问题的纠偏，以及对逻辑推理能力作用与培养的重视。

2.4.2 恰当处理逻辑推理能力培养的学段衔接

几乎所有的初中学生都认为几何证明难学，难的原因在于"证明思路难找"和"证明过程难写"。在第 24 届国际数学家大会上，多国数学教育专家担心的共同问题是各国早期数学教育的课程设置基本上是将焦点集中在算术概念、计算和算法上，进入 7 年级或 8 年级后，突然要求学生理解并写出严密的推理过程，缺少一定的"缓冲余地"，学生普遍感到吃力，产生畏难情绪。而相关研究表明，10 至 11 岁是儿童演绎推理认知的快速发展时期，初中是逻辑推理能力的快速发展期，但我国小学数学学习的实际状况是合情推理多于演绎推理。因此，为了让学生适应初中逻辑推理学习的难度，做好小学与初中的学段衔接是关键。曹培英认为，小学数学蕴含着很多有待发掘的演绎推理，应将单一"实验操作"过程，改进为"猜想→实验→说理"过程，鼓励和启发学生说理，根据学生的认知能力引导学生从"知其然"走向"知其所以然"。而进入初中后，对学生的形式化证明要求也要循序渐进，不能过分追求严谨性、形式化。教学过程要遵循"小步子、多层次"的原则，由浅入深逐步发展学生的演绎推理能力。在具体证明过程中，先"想清楚"已知条件是什么？未知的结论是什么？再要"说明白"，即用自己的语言说出如何分析问题？如何解决问题？最后"写条理"，按经典三段论或简化的三段论（因为……所以……）有根据地写出证明过程。

2.4.3 恰当处理"传统教学"与"多媒体教学"的关系

这里的"传统教学"指的是教师在证明教学过程中，规范地书写符合逻辑的证明过程，为学生做好示范。毕加索曾说："模仿是人类一切学习的开端，然后才是创新，最后是你的自主。"学生逻辑证明的学习始于模仿教师的示范和课本的范例，再逐步到自主书写。华东师范大学终身教授钟启泉先生曾说："教育改革的核心在于课程改革，课程改革的核心在于课堂改革，课堂改革的核心在于教师的专业发展。"那么，要提升学生的逻辑推理能力，首先要提高数学教师逻辑推理能力，从而为学生树立榜样。

另外，随着教学技术的进步和教学理念的变革，"多媒体教学"已逐渐成为教学的主流形式，粉笔、三角板、圆规等旧式教具逐渐淡出教学视野，取而代之的是平板电脑、手机、翻页笔等新式教具。在多媒体技术的加持下，课堂容量大、节奏快、效率高，但留给学生独立思考与内化的时间少了。而推理能力的获得不是靠"传授"得来的，而是在学生自主参与的推理活动中"领悟"出来的。这是一个体验、探索的"再创造"过程，需要留给学生自主活动的空白时间带。因此，在"多媒体"为课堂教学带来方便与快捷的同时，教师要有意识地将课堂节奏慢下来，让学生有时间去梳理条件与结论之间的逻辑关系，让学生有时间去组织证明的书写顺序，使得证明过程前后连贯、条理清晰。

第3节 如何避免几何证明中的"舍近就远"现象
——以2018年广东省中考数学第22题为例

2018年广东省中考数学第22题是一道几何证明题，思维难度不高，方法也较多，但很多学生没有想到最优最简的方法，而用迂回曲折的方法去证明，出现了几何证明中的"舍近就远"现象。

◎3.1 解题思路对比分析

【试卷原题】如图 7-5，矩形 $ABCD$ 中，$AB > AD$，把矩形沿对角线 AC 所在直线折叠，使点 B 落在点 E 处，AE 交 CD 于点 F，连接 DE.

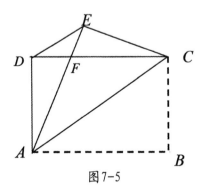

图 7-5

（1）求证：$\triangle ADE \cong \triangle CED$；

（2）求证：$\triangle DEF$ 是等腰三角形.

【参考答案】证明：（1）$\because \triangle ACE$ 由 $\triangle ACB$ 折叠得到，

$\therefore AD = BC = EC, AE = AB = DC.$

$\because DE = DE,$

$\therefore \triangle ADE \cong \triangle CED.$

(2) 由（1）得 $\angle AED = \angle CDE,$

即 $\angle FED = \angle FDE,$

$\therefore \triangle DEF$ 是等腰三角形.

【思路分析】首先看第一个问题，参考答案给出的是最简单的证明方法，其证明思路如下：

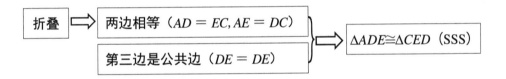

从学生的答题情况来看，很多学生都可以得到"由折叠而得到两边相等"，

但对于两个三角形全等的第三个条件，却没有注意到"最近"的条件"DE 是公共边"，而是采用"路途较远"的条件"夹角相等（$\angle DAE = \angle DCE$）"，其证明思路如下：

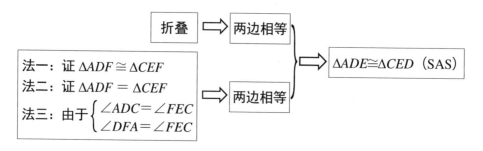

对于第二个问题，参考答案也是最简单的证明方法，其证明思路如下：

由（1）$\triangle ADE \cong \triangle CED \Rightarrow \angle AED = \angle CDE$（$\angle FED = \angle CDE$）$\Rightarrow$ $\triangle EDF$ 是等腰三角形．

从学生的答题情况来看，很多学生也直接"舍弃最近"的"两角相等"的条件，而是去寻找相对较远的"两边相等（$DF = EF$）"，其思路如下：

法一：$\triangle ADF \cong \triangle CED \Rightarrow DF = EF \Rightarrow \triangle EDF$ 是等腰三角形．

法二：$\left. \begin{array}{l} \angle FAC = \angle FCA \Rightarrow AF = CF \\ AE = CD \end{array} \right\} \Rightarrow AE - AF = CD - CF \Rightarrow DF = EF.$

◎3.2 成因分析及解决策略

通过以上对比分析，我们可以看到：虽然有的学生证出了结论，也拿到了满分，但证明时没有注意到最近的证明条件，使得证明过程相对复杂，路程也迂回曲折，费时较多。出现这种"舍近就远"的现象的原因，我认为有以下两点：

3.2.1 复杂的图形信息对图形认知造成干扰

简单的图形不易引起对图形认知上的干扰，但由基本图形经过组合（平移、旋转、折叠等）形成的复杂图形就容易干扰对图形的认知。本题如果没有经过图形的折叠，而是直接给出图 7-6，要求证明 $\triangle ADE \cong \triangle CED$，那么相信较多学生会采用条件 "$DE$ 是公共边"。这种现象经常出现在我们的几何教学中，如学生学习 "同位角" 这个概念时，若只出现图 7-7 的图形，学生是容易找出其中的同位角的，但是若让学生在图 7-8 中找同位角，就有很多学生看不出 $\angle EGB$ 和 $\angle EHD$ 是同位角，这是受线段 HK 的影响。

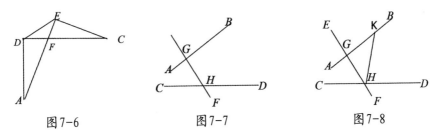

图 7-6　　　　　　图 7-7　　　　　　图 7-8

解决由复杂图形信息对图形认知造成干扰的方法：

第一，突出重点，标示图形。

在教学中让学生多熟悉基本图形，在复杂图形中恰当地将主体部分标示成不同颜色，或合理地利用填充，或借助多媒体技术，演示图形的分解、平移、旋转、翻折等，使学生正确地从众多图形信息中识别出需要的图形信息。例如，本题可以在图形中标示需要证明的三角形（图 7-9）。

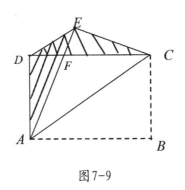

图 7-9

第二，化繁为简，拆解图形。

较为复杂的几何图形都是由一些简单的基本图形采用变形、组合、叠加等方式构成的。在分析几何题目时，从主问题中分离出基本问题，从而把复杂的图形拆解成若干个基本图形，再利用所学的概念、定理解决，从而达到化繁为简、化难为易的效果。例如，本题若将图 7-10（a）拆解为图 7-10（b）和图 7-10（c），则图 7-10（b）是几何图形里面经常遇见的"公共边证三角形全等"图形，可以轻松发现里面隐藏的条件。

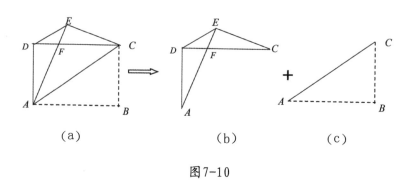

（a）　　　　　　　　（b）　　　　　　（c）

图 7-10

通过拆解图形，我们不仅可以看到图形的全貌，更重要的是认清了图形的构成部件，避免了因原图中图线较多，干扰太多，而不知从何处着手，或因思维呆滞而错过了隐藏条件等一系列问题。

3.2.2 思维定势造成方法单一

本题的第（2）个问题，要证 $\triangle DEF$ 为等腰三角形，可以有两种思路取向：

①等角：在同一个三角形中，两角相等⇒两边相等⇒等腰三角形。

②等边：在同一个三角形中，两边相等⇒等腰三角形；在不同的三角形中，两个三角形全等⇒对应边相等⇒等腰三角形。

在两种思路取向中，第②种"等边"已成为大多数人的思维定势，因为不管从课本教材对等腰三角形的定义（至少有两边相等的三角形叫等腰三角形），还是在平时的考试练习中，都是侧重于"等边"。所以大部分学生采用由"$\triangle ADF \cong \triangle CEF$"得到"$DF = EF$"的证明思路就不足为怪了。如何消除这种思维定势呢？

第一，运用图形变式消除定势。

我们在形成几何概念之初，通常是用一个具有特殊位置的图形来引入概念，例如，用图 7-11 引入等腰三角形的概念。这就易使学生形成这样的图形定势：等腰三角形的顶角在上面，底角在下面，腰在两旁。为了消除这种图形定势，我们可以将图形进行变式（图 7-11 变式为图 7-12、图 7-13 等），丰富学生图形表象，从而提高其识图能力，帮助其顺利且快速地找到解题思路。

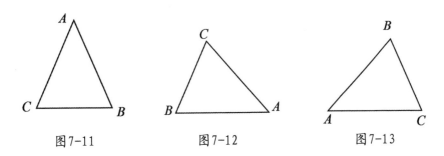

图 7-11　　　　　　图 7-12　　　　　　图 7-13

第二，通过一题多解破除思维定势。

一题多解对于学习数学的作用是不言而喻的，对几何证明更是作用巨大。首先，既可使学生增强知识间的相互联系，又可使学生从不同角度去探索问题，寻找更加简便快捷的解题方法，培养学生思维的灵活性和创造性。

其次，通过一题多解，学生研究一道题就可以熟悉多种解题方法，从而帮助学生免于刷题之苦，减轻学习负担。虽然在一道题所耗费的时间较多、短期难以见效，但节约了大量做题的时间，长期下来，不仅节约了时间，还提高了学习效率。

最后，通过一题多解，积累起来的解题经验更容易实现迁移运用。

以上只是粗浅分析，要提高学生解决平面几何问题的灵活性，还是要掌握好平面几何的基础知识，在熟练掌握基础知识之后才能运用自如。否则，任何的好方法都是无源之水、无本之木。

第8章 数据观念

三个版本的课程标准关于数据观念的内容描述如表8-1所示。

表8-1 三个版本的课程标准关于数据观念的内容描述

版本	内容
《课程标准（实验稿）》	统计观念主要表现在：能从统计的角度思考与数据信息有关的问题；能通过收集数据、描述数据、分析数据的过程作出合理的决策，认识到统计对决策的作用；能对数据的来源、处理数据的方法，以及由此得到的结果进行合理的质疑
《课程标准（2011年版）》	数据分析观念包括：了解在现实生活中有许多问题应当先做调查研究，收集数据，通过分析作出判断，体会数据中蕴含着信息；了解对于同样的数据可以有多种分析的方法，需要根据问题的背景选择合适的方法；通过数据分析体验随机性，一方面对于同样的事情每次收集到的数据可能不同，另一方面只要有足够的数据就可能从中发现规律。数据分析是统计的核心
《课程标准（2022年版）》	数据意识主要是指对数据的意义和随机性的感悟。知道在现实生活中，有许多问题应当先做调查研究，收集数据，感悟数据蕴含的信息；知道同样的事情每次收集到的数据可能不同，而只要有足够的数据就可能从中发现规律；知道同一组数据可以用不同方式表达，需要根据问题的背景选择合适的方式。形成数据意识有助于理解生活中的随机现象，逐步养成用数据说话的习惯（小学）
	数据观念主要是指对数据的意义和随机性有比较清晰的认识。知道数据蕴含着信息，需要根据问题的背景和所要研究的问题确定数据收集、整理和分析的方法；知道可以用定量的方法描述随机现象的变化趋势及随机事件发生的可能性大小。形成数据观念有助于理解和表达生活中随机现象发生的规律，感知大数据时代数据分析的重要性，养成重证据、讲道理的科学态度（初中）

三个版本的课程标准对数据观念的名称都不同：统计观念—数据分析观念—数据观念。《课程标准（实验稿）》的"统计观念"主要是想让学生认识

统计的作用，并掌握"收集数据、描述数据、分析数据"等技能，侧重的仍是"基本技能"。《课程标准（2011年版）》的数据分析观念提出"数据分析是统计的核心"，提出"数据蕴含着信息"，数据是统计的研究对象，"如何认识数据"与"如何处理数据"同等重要。《课程标准（2022年版）》的"数据观念"是指对数据"意义"和"随机性"的认识，实质上是"如何认识数据"。这些变化体现了我国数学课程从知识立意到能力立意，再从能力立意到素养立意的发展过程。吴立宝等人通过分析自新中国成立以来所颁布的中学数学课程标准（教学大纲），将数据分析素养的发展脉络划分为三个阶段：（1）1949—2000年，注重培养学生数据分析的知识与技能；（2）2001—2017年，注重培养学生数据分析的观念与能力；（3）2018年至今，注重培养学生数据分析素养。陈建明等人研究认为，概率与统计内容自20世纪80年代初被写入教学大纲后，其发展经历了"三起三落"，之后随着社会的发展和课程改革的不断深入，人们对于概率与统计知识的认识愈加深刻。从2012年颁布的《义务教育数学课程标准（2011年版）》中首次提出"数据分析观念"，到2020年修订的《普通高中数学课程标准（2017年版2020年修订）》将数据分析素养列为数学学科六大核心素养之一，反映概率与统计知识的地位在逐步提高。

第1节 数据与信息

三个版本都提到了数据与信息。那么，什么是数据？什么是信息？数据与信息又有什么关系？数据是对自然、心理、社会等现象进行观测或实验所获得的材料，是表示客观事物的未经加工的原始素材，如图形符号、数字、字母等。数据可通过原始的观察或度量得到。数据是对客观事物的逻辑归纳，可以用来表示一个事实、一种状态、一个实体的特征，或一个观察的结果，有些是用于描述某个对象的事实性数据，有些则是通过观察、分析、归纳得到的总结性数据。

信息由数据加工得来，它可以由数字和文字表达，也可以表现为其他具有意义的符号，其承载形式不重要，重要的是信息能让我们了解一些事情、鉴别一些真伪、佐证一些观点。也就是说，尽管数据存在的形式多种多样，但我们真正想要获得的是信息。例如，刻在甲骨上的符号仅仅是一些数据，要读懂这些数据，就必须了解数据背后要表达的含义，一旦对数据作出解释，我们就能得到甲骨文上的信息。又如，随意给出 3 个数字：68、21、192，这仅仅是数据。如果给它们加上一些说明：衣服的价格是 68 元；今天的气温是 21 摄氏度；小明爸爸的体重是 192 斤。这些数据有了明确的表达含义，它们就成了信息。所以，数据是信息的表现形式和载体，数据和信息是不可分离的，数据是信息的表达，信息是数据的内涵。数据本身没有意义，数据只有对实体行为产生影响时才成为信息。因此，我们收集数据、整理数据、分析数据的目的是要了解数据所蕴含的信息。2020 年 5 月，中共中央国务院首次明确数据是新型生产要素，与土地、劳动力、资本、技术并列。《"十四五"大数据产业发展规划》又进一步提出"用数据说话、用数据决策、用数据管理、用数据创新"的战略方向。数据作为数字经济的核心，正在以超凡的速度渗透至百行千业，改变着人类社会的方方面面。在这个"万物皆数据"的大数据时代，数据成了万物互联、万物互通的桥梁，也使得具备一定数据收集、描述、分析和推断等能力的高素质人才成了推动实施大数据战略的主力军。因此，数据分析素养是学生应具备的，能够适应终身发展和社会发展需要的必备品格和关键能力。

第 2 节 数据观念的内涵

从通俗意义上来理解，观念就是人们在长期的生活和生产实践当中形成的对事物的总体的综合的认识。它一方面反映了客观事物的不同属性，同时又加上了主观化的理解色彩。如果说观念是人们对事情主观与客观认识的系统化之集合体，那么，数据观念就是对数据的总体的、综合的认识。《课程标准（2022 年版）》指出了对"数据的意义"和"数据的随机性"的认识。史宁中教授认为数据（分析）观念主要体现在三个方面：

（一）了解在现实生活中有许多问题应当先做调查研究，收集数据，通过分析作出判断，体会数据中蕴含着的信息。传统的统计教学，往往把根据已知数据解决提出的问题作为统计学习的重点，这样教出来的学生，可以解决根据已知数据设计的纷繁复杂的数学问题，但是他们却不知道运用什么样的方法去收集所需要的数据，不会主动地运用统计的方法去解决身边出现的问题。统计学是建立在数据的基础上的，本质是通过数据进行推断。义务教育的重要目标是培养适应现代生活的合格公民，而在以信息和技术为基础的现代社会里，充满着大量的数据，需要人们面对它们时作出合理的决策。因此，数据分析观念的首要方面是了解在现实生活中有许多问题应当先做调查研究，收集数据，通过分析作出判断，体会数据中蕴含着信息。

（二）了解对同样的数据可以有多种分析的方法，需要根据问题的背景选择合适的方法。统计学是通过数据来推断数据产生的背景，即便是同样的数据，也允许人们根据自己的理解提出不同的推断方法，给出不同的推断结果……因此，统计学对结果的判断标准是"好、坏"，从这个意义上说，统计学不仅是一门科学，也是一门艺术。例如，条形统计图有利于了解不同高度的学生数及其差异；扇形统计图有利于直观了解不同高度的学生占全班学生的比例及其差异；折线统计图有利于直观了解几年来学生身高变化的情况，预测未来身高变化趋势。因此，我们需要根据问题的背景选择合适的统计图。总之，统计学对结果的判断标准是"好、坏"，而不是"对、错"。

（三）通过数据分析体验随机性。随机现象就个别的观察来说，它时而出现这种结果，时而出现那种结果，呈现偶然性。但在大量试验中，它却呈现明显的规律性 —— 随机事件发生的频率的稳定性。经历数据分析的过程，学生理解从个别偶然的现象所表现的一种内在的必然规律。数据的随机性主要有两层含义：一方面，对于同样的事情，每次收集到的数据可能会是不同的；

另一方面，只要有足够的数据，就可能从中发现规律。推断性数据分析的目的是要通过数据来推测产生这些数据的背景，称这个背景为总体。我们假定总体是未知的，我们的目的是通过样本来判断总体。而在调查或试验之前，我们不可能知道数据的具体数值。也就是说，数据可以取不同的值，并且取不同值的概率可以是不一样的，这就是数据随机性的由来。

陈建明等人结合依据所界定的数据分析素养的内涵，参考国外统计素养框架建构的方法，将数据分析素养划分成四个维度。

维度一：数据意识

"数据"是数据分析的基础，学生如何认识"数据"是迈向数据分析的第一步。将"数据"简单地看作狭义的数字还是将其理解为蕴含信息的媒介，是学生能否顺利进行数据分析的关键。这与小学阶段"数据意识"的要求是一致的：知道在现实生活中，有许多问题应当先做调查研究，收集数据，感悟数据蕴含的信息。

维度二：数据处理

收集数据是数据处理的首要任务，没有数据，数据分析就成了"无米之炊"。收集数据不是信息盲目抓取，更不是数据随意堆叠，而是一种带着问题出发、具有目的性的探索过程。这就要求学生在头脑中要首先明确收集什么数据和怎样收集数据，然后是怎样整理数据和表征数据，再分析数据和数据推断。

维度三：统计思维

思维是大脑对客观现实中存在的问题进行思考的活动，而统计思维则是对统计活动中问题的思考。统计思维可分为两个方面：统计批判和体验、理解随机性。统计批判是人们在各种不同的情境中对统计信息、与数据相关的观点及对随机现象进行解释和批判评价的能力。概率问题研究的最大魅力在于其不确定性，史宁中教授指出："通过数据分析体验随机性，一方面对于同样的事情每次收集的数据可能会不同；另一方面只要有足够的数据就可能从中发现规律。"

维度四：数据交流

在PISA2021数学框架中，专家组遴选出了八项"21世纪技能"，并将交流与反思作为21世纪学生迎接未来挑战的能力之一。其内涵为：个体能够恰当使用符号、语言表达个体的思想，与他人互动，这种互动形式包括对话、文字表达等。《课程标准（2022年版）》也要求学生"养成重证据、讲道理的科学态度"。

第3节 从考试走向应用
——谈数据分析能力的培养

义务教育阶段数学课程内容由数与代数、图形与几何、统计与概率、综合与实践四个学习领域组成。在中考试题中，综合与实践往往融入其他三大领域来考察，故对中考数学试题的内容分析一般以"数与代数""图形与几何""统计与概率"三大领域来划分，2020—2022年，各领域的内容占比如下（表8-2）：

表8-2 广东省中考数学三大领域内容占比情况（2020—2022年）

年份	数与代数		图形与几何		统计与概率	
	分值	比例	分值	比例	分值	比例
2020	60	50%	51	42.5%	9	7.5%
2021	66	55%	45	37.5%	9	7.5%
2022	67	55.8%	41	34.2%	12	10%

由表8-2可知，"统计与概率"内容在中考中的占比不高，主要考查的是

概率的计算和数据分析。而数据分析的考查要求也不高：能读图（扇形统计图、条形统计图、折线统计图、频数直方图）、会计算（中位数、众数、平均数等）、会用样本去估计总体（表 8-3）。

表 8-3 广东省中考数学"数据分析"内容考查情况（2020—2022年）

年份	题目	主题
2020	某中学开展主题为"垃圾分类知多少"的调查活动，调查问卷设置了"非常了解""比较了解""基本了解""不太了解"四个等级，要求每名学生选且只能选其中一个等级，随机抽取了 120 名学生的有效问卷，数据整理如下： | 等级	非常了解	比较了解	基本了解	不太了解 | |---|---|---|---|---| | 人数（人） | 24 | 72 | 18 | x | （1）求x的值； （2）若该校有学生 1800 人，请根据抽样调查结果估算该校"非常了解"和"比较了解"垃圾分类知识的学生共有多少人？	1. 数据分析； 2. 用样本估计总体
2021	某中学九年级举办中华优秀传统文化知识竞赛，用简单随机抽样的方法，从该年级全体 600 名学生中抽取 20 名，其竞赛成绩如图： （1）求这 20 名学生成绩的众数、中位数和平均数； （2）若规定成绩大于或等于 90 分为优秀等级，试估计该年级获优秀等级的学生人数	1. 数据分析； 2. 用样本估计总体

年份	题目	主题
2022	为振兴乡村经济，在农产品网络销售中实行目标管理，根据目标完成的情况对销售员给予适当的奖励，某村委会统计了 15 名销售员在某月的销售额（单位：万元），数据如下： 10　4　7　5　4　10　5　4　4　18　8　3　5　10　9 （1）补全月销售额数据的条形统计图。 （2）月销售额在哪个值的人数最多（众数）？中间的月销售额（中位数）是多少？平均月销售额（平均数）是多少？ （3）根据（2）中的结果，确定一个较高的销售目标给予奖励，你认为月销售额定为多少合适？	1. 数据分析； 2. 用样本估计总体

　　数据分析的完整过程是：提出需要研究的问题 —— 设计研究方案 —— 开展调查、收集数据 —— 整理收集的数据 —— 分析数据 —— 作出统计推断（解决问题）。但由于笔试考试时间的限制，考题多数只是截取"整理数据 —— 分析数据"两个阶段，重在对统计技术的熟练掌握（如会计算某个统计量），而忽略了其他环节。日常的教学也受中考的影响，只注重对统计技术的学习与训练，而忽略了"为什么要进行统计"和"统计的作用是什么"的追问。学生的能力也局限于能计算一些统计量，再作简单的判断；缺乏的是根据需要解决问题，自觉地运用所学的数据分析知识，设计解决问题的方案，收集有效的数据，通过数据分析，根据数据对事件进行预测等能力。因此，数据分析的核心是通过数据寻找隐藏在数据里面的规律。为了引导日常的教学，使学生经历一个完整的数据分析过程，培养学生的分析数据观念，使数据分析能力从考试走向实际应用，中考试题改变了考查形式和要求，下面的一道

中考模拟试题在这一方面就做了一些尝试。

（2022 年某地中考数学押题卷）"二十四节气"作为"中国古代第五大发明"，揭示了天文气象变化规律，与其相关的谚语也蕴含了丰富的物理知识，如：A."寒露草枯雁南飞"，露的形成是液化现象，液化放出热量；B."清明断雪，谷雨断霜"，霜的形成是凝华现象，凝华放出热量。某校物理兴趣小组为了解学生对谚语中蕴含的物理知识的知晓情况，从甲、乙两个校区的九年级学生中各随机抽取 20 名学生进行了一次测试，共 10 道题，根据测试结果绘制如下统计图表（表 8-4、图 8-1）：

表 8-4 甲校区学生测试结果统计

答对题量	5	6	8	10
人数	1	9	5	5

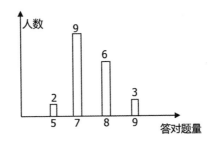

图 8-1 乙校区学生测试结果条形统计

请根据上面的信息回答下列问题：

（1）甲校区学生答对题量的众数是_____，乙校区学生答对题量的中位数是_____；

（2）请任选一角度分析哪个校区的学生答对题量更多．

解析：（1）略；

（2）①从平均数的角度

$$\bar{x}_{甲} = \frac{5 \times 1 + 6 \times 9 + 8 \times 5 + 10 \times 5}{20} = 7.45,$$

$$\bar{x}_{乙} = \frac{5 \times 2 + 7 \times 9 + 8 \times 6 + 9 \times 3}{20} = 7.4$$

∵ $\bar{x}_{甲} > \bar{x}_{乙}$

∴甲校区学生的学生答对题量更多.

②从众数的角度

甲校区学生答对题量的众数是 6，乙校区学生答对题量的众数是 7；

∵ $6 < 7$

∴乙校区学生的学生答对题量更多.

③从中位数的角度

甲校区学生答对题量的中位数是 7，乙校区学生答对题量的中位数是 7；

∵ $7 = 7$

∴甲乙两校区学生的学生答对题量一样多.

评析：

（一）由"能计算"到"会使用"

《课程标准（2022 年版）》指出，学生数据观念素养的表现之一是"知道数据蕴含着信息，需要根据问题的背景和所要研究的问题确定数据收集、整理和分析的方法"。在限时的线下考试中，数据已经收集好，考查的是学生整理数据和分析数据的能力。本题已经用列表和条形统计图整理好数据，学生需要做的是如何去分析数据。而分析方法的选择则需要"根据问题的背景和所要研究的问题"来决定。因此，学生需要根据问题——"哪个校区的学生答对题量更多"来选择分析方法，这就需要对各种数据分析方法有比较深入的理解，通晓各个统计量（平均数、众数、中位数、方差、标准差、极差）所反映出的是数据哪方面的规律或趋势，而不仅是"能计算"各个统计量。平均数反映的是一组数据的平均大小，常用来代表一组数据的总体"平均水平"；中位数像一条分界线，将数据分成前半部分和后半部分，用来代表一组数据的"中等水平"；众数反映的是出现次数最多的数据，用来代表一组数据的"多数水平"。这三个统计量反映虽有所不同，但都可表示数据的集中趋势，都可作为数据一般水平的代表，是进行数据分析常用的统计量。因此，可以从"平均数""众数""中位数"三个角度进行数据分析。

（二）由"唯一性"到"不确定性"

本题从三个角度进行分析，得到三种不一样的结果。这既是对学生"确定性"思维的冲击，也能让学生认识到数据分析只是随机事件发展趋势预测的工具。《课程标准（2022 年版）》指出，数据观念主要是指对数据的意义和随机性有比较清晰的认识；知道可以用定量的方法描述随机现象的变化趋势及随机事件发生的可能性大小。学生需要对"哪个校区的学生答对题量更多"进行预测，不同的预测工具可能得到不同的结论，从而打破学生追求"唯一性"答案的常规思维，引导学生从多角度进行数据分析，得到比较全面、客观的结论，更好地认识事件的内在规律以及预测事件的变化趋势。

（三）由"凭感觉"到"重证据"

如果站在答案唯一性的角度，对于"哪个校区的学生答对题量更多"的问题，学生肯定争论不休。因为角度不同，结论也不同，正所谓"公说公有理，婆说婆有理"。《课程标准（2022 年版）》指出，形成数据观念就要"养成重证据、讲道理的科学态度"。这里所指的"证据、道理"就是数据，也就是养成用数据说话的态度与习惯。由于角度不同导致的结论也不同，那么引导学生关注的不是结论的对错问题，而是结论的得出过程，即每一结论的得出都必须有足够的数据去支撑和科学的数据分析方法，而不只是凭感觉的"想当然"。学生所形成的"重证据"的数据观念才是其能够适应终身发展和社会发展需要的必备品格和关键能力。

第9章 模型观念

由于《全日制义务教育数学课程标准（实验稿）》对模型观念没有具体描述，故只比较《课程标准（2011 年版）》与《课程标准（2022 年版）》（表 9-1）。

表 9-1 两个版本的课程标准关于模型观念的内容描述

版本	内容
《课程标准（2011 年版）》	模型思想的建立是学生体会和理解数学与外部世界联系的基本途径。建立和求解模型的过程包括：从现实生活或具体情境中抽象出数学问题，用数学符号建立方程、不等式、函数等表示数学问题中的数量关系和变化规律，求出结果并讨论结果的意义。这些内容的学习有助于学生初步形成模型思想，提高学习数学的兴趣和应用意识
《课程标准（2022 年版）》	模型意识主要是指对数学模型普适性的初步感悟。知道数学模型可以用来解决一类问题，是数学应用的基本途径；能够认识到现实生活中大量的问题都与数学有关，有意识地用数学的概念与方法予以解释。模型意识有助于开展跨学科主题学习，增强对数学的应用意识，是形成模型观念的经验基础（小学）
	模型观念主要是指对运用数学模型解决实际问题有清晰的认识。知道数学建模是数学与现实联系的基本途径；初步感知数学建模的基本过程，从现实生活或具体情境中抽象出数学问题，用数学符号建立方程、不等式、函数等表示数学问题中的数量关系和变化规律，求出结果并讨论结果的意义。模型观念有助于开展跨学科主题学习，感悟数学应用的普遍性（初中）

数学在现代社会中被广泛应用，"数学建模"在过去的三十多年里逐渐成为数学教育的中心话题之一，各国与各地区陆续启动的数学课程改革也都将学生数学建模思想的形成以及数学建模能力的培养作为数学教育的重要目标之一。例如，德国于 2003 年颁布的全联邦性数学教育标准将数学建模能力列为六大数学能力之一；美国于 2010 年出台的《州际核心数学课程标准》将数

学建模视为"问题解决"的一种方式，是高中数学 6 大核心内容之一；澳大利亚于 2010 年发布的《高中数学课程标准（草稿）》将建模列为基本的数学活动。我国在《普通高中数学课程标准（2017 年版）》中将"数学建模"列为中学生六大核心素养之一，可见，数学建模已成为我国数学教育重要的培养目标。因此，教育工作者只有深入理解数学建模的内涵、辨析相关概念、明确培养的目标要求，才能更好地实施数学建模的教学。

第 1 节 "高中建模"与"初中建模"

《普通高中数学课程标准（2017 年版）》将数学建模列为六大数学核心素养之一，明确了数学建模的地位与作用："数学模型搭建了数学与外部世界联系的桥梁，是数学应用的重要形式。数学建模是应用数学解决实际问题的基本手段，也是推动数学发展的动力。"也明确了培养目标及能力要求："学生能有意识地用数学语言表达现实世界，发现和提出问题，感悟数学与现实之间的关联；学会用数学模型解决实际问题，积累数学实践的经验；认识数学模型在科学、社会、工程技术诸多领域的作用，提升实践能力，增强创新意识和科学精神。"

《课程标准（2011 年版）》中的十大核心关键词提及的"模型思想"，培养目标定位于"有助于学生初步形成模型思想，提高学习数学的兴趣和应用意识"，目的是让学生"体会和理解数学与外部世界联系的基本途径"，这也是"数学模型的建立"。

《课程标准（2022 年版）》中的"模型意识"与"模型观念"是对数学模型的"感悟"与"认识"。

从概念的表述与界定来看，高中阶段的培养目标着眼于建模能力的达成和问题解决能力的提升，重在"建模型"；而义务教育阶段则着重于建模思想的感悟和兴趣的培养，重在"悟思想"。不管是"建模型"能力的培养，还是"模型思想"的感悟，都需要学生在"用数学模型解决实际问题"的过程中习得，正所谓"只能在水中学习游泳"。

第 2 节 "数学模型"、"模型思想"与"模型观念"

美国数学及应用联合会编写的《数学的原理实践》认为："数学模型是用来获得或近似表示所观察变量之间关系的一种数学结构。"由此可见，数学模型是用数学的方法表示变量之间关系而构建的一种结构。数学中每一个概念、公式等都是直接或间接地以各自相应的现实原型为背景抽象出来的，所以它们都可以被看作数学模型。在义务教育阶段，用数学符号建立的方程、不等式、函数就是最基本、最常见的数学模型。例如，中学数学常见的"列方程（不等式、函数）解应用题"，就是通过构建数学模型去解决问题；勾股定理（$a^2 + b^2 = c^2$）所表述的直角三角形三边数量关系的数学模型；圆周角定理（在同圆中，圆周角等于相同弧上的圆心角的一半）所表述的是圆周角与圆心角数量关系的数学模型。

著名的数学教育家弗赖登塔尔认为，模型是不可缺少的中介，用它可以把复杂的现实或理论理想化或简单化，从而更易于数学的处理与计算。数学模型是对"现实情景"进行简化与抽象的结果，它可以帮助学生用数学的理论去解决问题。如果现实问题无法转换成数学问题（数学模型），那么就无法通过数学理论去解决。因此，数学建模的能力是一个人的数学能力中不可或缺的一个方面，甚至可以反映所学的数学是"有用"还是"无用"。要完成数学建模的过程，当然需要一定的数学基础，但更为关键的是有通过建立数学模型去解决问题的想法。也就是说，当遇到一个现实问题，知道可以将其简化或抽象成数学问题，再通过数学方法进行解决，这就是"模型意识"或"模型思想"。在义务教育阶段，对于建模能力的培养更多在于初步形成"模型思想"。数学思想包含于数学内容和方法之中，而又高于数学内容和方法，是对数学知识方法背后深层次内容的共性概括。它能将分散的知识统整起来，组成一个整体，使数学知识结构更加紧凑，使不同的领域能联系起来。由此可见，在"模型思想"的统整下，列方程、列不等式、列函数是建立模型的不同类型与方法，但它们背后的"道理"却是相通的，即将实际问题数学化为一种数学结构（模型化）。"模型思想"是处理现实问题的一般思想方法，是用数学处理问题的最基本的策略。张奠宙先生将"模型化方法"（模型思想）列为四层数学方法中的第一层，认为它是基本和重大的数学思想方法。

数学思想是对数学知识、方法、规律的一种本质认识，具有概括性和普遍性的特点，多靠理解、感悟获得，是数学方法的灵魂。学生要形成"模型思想"，就必须在建"数学模型"解决问题的过程中感悟；而"模型思想"的形成又使得学生能更自觉地通过数学的方法去解决现实问题，并进一步加深对"模型思想"的理解。

观是人们认识事物的一种方法，念是外界事物反映到人脑的一种意识形态。观念是人们在长期的生活和生产实践当中形成的对事物的总体的综合的认识。那么"模型观念"就是人们在观察、使用模型过程中所形成的对模型的一种综合认识。"数学模型"是知识本位，侧重的是"模型"的构建与使用。思想是客观存在反映在人的意识中经过思维活动而产生的结果或形成的观点及观念体系。毛泽东在《人的正确思想是从哪里来的？》一文中说："无数客观外界的现象通过人的眼、耳、鼻、舌、身这五个官能反映到自己的头脑中来，开始是感性认识。这种感性认识的材料积累多了，就会产生一个飞跃，变成了理性认识，这就是思想。"那么，观念就应是介于"感性认识"与"理性认识"之间的一种认识，是从"感性认识"上升到"理性认识"的必经阶段和途径。小学阶段的"模型意识"属于"感性认识"，高中阶段的"数学建模"属于"理性认识"，初中阶段的"模型观念"是从感性认识到理性认识的中间阶段。

第 3 节 "问题提出"与"数学建模"

问题提出，是指从一个数学情境中创造新问题或在解决问题过程中对问题再阐述。在当下的数学教育课程改革中，各国对"问题提出"教学有不同程度的要求，将培养学生的问题提出能力作为一项重要的课程目标。例如，美国的全国数学教师理事会（NCTM）颁布的《数学教学的职业标准》（1991年）及《学校数学教育的原则和标准》（2000 年）等文件提出"应该给学生从给定情境中提出数学问题或改变已有问题条件的方式创造新问题的机会"，并且认为"这个活动是做数学的核心"。日本文部科学省颁布的《中学校学习指导要领解说 数学编》（2008 年）中也指出："数学活动是产生问题、解决问题并在此基础上产生新的问题的过程，这个过程是不断持续下去的，在这个过程中获得的方法和知识观有助于新问题的发现，学习者要在已习得知识的基础上发现新的课题，注意到新的事物，通过归纳、类比进行预测。"我国在2012 年颁布的《义务教育数学课程标准（2011 版）》指出，"从社会生活中发现问题和提出问题，并能综合运用所学的知识和其他知识解决问题，发展应用意识"，并强调"要学会从数学的角度发现并提出问题"。

数学建模是应用数学解决实际问题的基本手段，但在解决问题之前，首先得发现问题并提出问题。徐斌艳根据布鲁姆的建模流程框架，将学生数学建模能力从低到高分为 6 个水平：水平 0 至水平 5。最低水平 0 为学生无法理解具体的情景，不能识别出任何问题。由此可见，数学建模的前提是问题提出，只有发现了问题，才能想办法去解决问题。从我国所颁布的课程标准对数学建模的流程描述中，"问题提出"经历了从无到有的过程。

2000 年颁布的《九年义务教育全日制初级中学数学教学大纲（试用修订版）》中提到了"建立数学模型"，并将其过程描述为"现实问题数学化为数学模型，再求解得到数学结果"的过程，属于数学建模的"四阶段"建模循环模型（图9-1）：

图9-1 "四阶段"建模循环模型

这里，直接由现实问题数学化成数学模型，但并未关注问题的来源，注重的是数学模型的建立以及求解，忽略学生发现问题能力的培养。这一直为我国教育界所不支持。

2003年颁布的《普通高中数学课程标准（实验）》数学建模过程流程为"五阶段"（图9-2）：

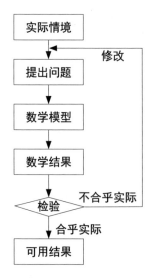

图9-2 2003年颁布的《普通高中数学课程标准（实验）》数学建模过程流程

相比于之前的课程标准，2003年颁布的《普通高中数学与课程标准（实验）》主要添加了"提出问题"和"检验"两个环节，说明开始关注从"实际情境"中"提出问题"，再将问题数学化成数学模型，并且建模的过程不是一蹴而就的，需要通过检验，不断修改调整。而现实问题也不是直接就可以数学化成数学模型的，中间还需经过对现实问题的简化，舍弃非必要的信息，简化成"现实模型",再数学化成"数学模型"。

2012 年颁布的《义务教育数学课程标准（2011 年版）》中提到"从现实生活或具体情境中抽象出数学问题"，并在十大关键词中的"创新意识"中提到"学生自己发现和提出问题是创新的基础"。这里特别指出"提出问题"在数学素养中的重要性与作用，但并未清晰描绘"问题提出"与"数学建模"之间的关系。

最新颁布的《普通高中数学课程标准（2017 年版）》中描述了数学建模的过程为"在实际情境中从数学的视角发现问题、提出问题，分析问题、构建模型，确定参数、计算求解，检验结果、改进模型，最终解决实际问题"。整个数学建模的过程始于"问题提出"，终于"问题解决"，将"问题提出"纳入数学建模的流程之中。这符合 Blum 在 2007 年提出的"七阶段"建模循环模型（图 9-3），它使得从实际情境过渡到构建模型的阶段变得清晰完备了。

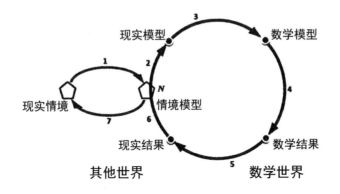

图 9-3 "七阶段"建模循环模型

第 4 节 "数学化"与"数学建模"

数学化是整理现实性的过程，它包括数学家的全部组织活动，如公理化、形式化、图式化、建模，以及数学内部由低级向高级的推动过程。数学化被分成两种：一是水平数学化，即从生活世界中抽象概括出数学概念、数学原理等数学模式的过程，是从"生活世界"到"数学世界"的转化过程；二是垂直数学化，即从现有的数学世界中抽象概括出更高级的数学模式的过程，是从低层数学到高层数学的过程。学数学就是学习数学化，教数学就是教数学化。数学化的学习就是学习数学化的过程，即学习如何进行公理化、形式化、图式化、模型化，以及学习在数学内部由低级向高级的发展过程。

由此可见，模型化是数学化中的一种，而且更多地指的是水平数学化。何小亚建议将数学建模归入"数学化"中，不要把数学建模当作高中数学区别于小学和初中数学的内容，数学建模这一数学化的手段，要从小学和初中抓起。为了将"生活世界"转化到"数学世界"，《普通高中数学课程标准（2017年版）》提出"用数学语言表达现实世界"，《义务教育数学课程标准（2011年版）》提出"符号意识"。两份最新的课程文件都指出了转化的工具为"数学语言（或数学符号）"，那么学生能否将"现实问题"转化为"数学模型"的关键就是对转化工具的掌握程度。另外，方程、不等式、函数是表述现实生活中等量关系、不等量关系、变化规律的基本模型，掌握这三类基本数学模型，对于模型思想的形成，以及建模能力的提高都是至为关键的。所以，在义务教育阶段分别以方程、不等式、函数为代数学习的三条主线贯穿始终。

第5节 "数据收集"与"数学建模"

数学模型的应用非常广泛，已经渗透到各行各业的方方面面。如建立人口模型进行人口预测、采用气象模型进行天气预报、利用交通流数学模型来对马路的交通流进行控制、运用风险模型对银行投资的风险进行控制、通过传染病扩散模型估计疫情高峰等。模型的种类也很多，如根据各量之间的关系是否随时间变化而变化可分静态模型和动态模型；根据模型中变量之间的关系是否确定可分为随机性模型和确定性模型；按建立模型的数学方法可分为几何模型、微分方程模型、图论模型等。

由此可见，我们通过数学建模可以解决很多具体的实际问题，但要构建何种数学模型，则没有现成的答案，也没有标准的答案。因此，"数据收集"就成为建模的先导，只有收集了足够真实、有效的数据，通过数据的处理和分析，探寻数据变量之间的关系，才能提出合理的模型假设，而不是乱套现成的数学模型。在模型假设的基础上，数据的代入检验，可以进一步修正模型，这使得所建立的数学模型更拟合实际数据。

但在教学过程，由于各种各样的原因，学生往往缺失数据收集的环节，只能直接利用教材或教师提供的经过过滤或简化处理过的数据信息。此外，由于数学建模的作用体现于解决现实问题，而无法在考试中得以体现，所以，数学建模在中学教学中处于边缘的地位，虽有所提及，但仅是让学生知道有数学建模这一回事。可见，数学建模能力的培养仍然任重而道远。

第10章 应用意识与创新意识

两个版本的课程标准关于应用意识与创新意识的内容描述如表10-1所示。

表 10-1 两个版本的课程标准关于应用意识与创新意识的内容描述

应用意识	《课程标准（2011年版）》	应用意识有两个方面的含义：一方面，有意识利用数学的概念、原理和方法解释现实世界中的现象，解决现实世界中的问题；另一方面，认识到现实生活中蕴含着大量与数量和图形有关的问题，这些问题可以抽象成数学问题，用数学的方法予以解决。在整个数学教育的过程中都应该培养学生的应用意识，综合实践活动是培养应用意识很好的载体
	《课程标准（2022年版）》	应用意识主要是指有意识地利用数学的概念、原理和方法解释现实世界中的现象与规律，解决现实世界中的问题。能够感悟现实生活中蕴含着大量的与数量和图形有关的问题，可以用数学的方法予以解决；初步了解数学作为一种通用的科学语言在其他学科中的应用，通过跨学科主题学习建立不同学科之间的联系。应用意识有助于用学过的知识和方法解决简单的实际问题，养成理论联系实际的习惯，发展实践能力
创新意识	《课程标准（2011年版）》	创新意识的培养是现代数学教育的基本任务，应体现在数学教与学的过程之中。学生自己发现和提出问题是创新的基础；独立思考、学会思考是创新的核心；归纳概括得到猜想和规律，并加以验证，是创新的重要方法。创新意识的培养应该从义务教育阶段做起，贯穿数学教育的始终
	《课程标准（2022年版）》	创新意识主要是指主动尝试从日常生活、自然现象或科学情境中发现和提出有意义的数学问题。初步学会通过具体的实例，运用归纳和类比发现数学关系与规律，提出数学命题与猜想，并加以验证；勇于探索一些开放性的、非常规的实际问题与数学问题。创新意识有助于形成独立思考、敢于质疑的科学态度与理性精神

第1节 内涵解读与对比

由表 10-1 可知,应用意识在两个版本的课程标准中的表述及界定基本一致,第一方面是能够认识到现实生活中蕴含着"与数量和图形有关"又可以用"数学的方法"予以解决的问题,即要求学生"会用数学的眼光观察现实世界";第二方面是"有意识地利用数学的概念、原理和方法解释现实世界中的现象与规律"与"解决现实世界中的问题",是用数学知识与方法"解释世界"与"解决问题",即要求学生"会用数学的思维思考现实世界";第三方面是意识到"数学是一种通用的科学语言"而可以用在其他学科,即要求学生"会用数学的语言表达现实世界"。可见,应用意识的内涵即"三会",而"三会"是 2022 年版数学课程标准目标体系的统领性或顶层目标。为达成"三会",设置了通往"三会"或为"三会"提供支撑的中间目标或过渡性目标,这是核心素养的主要表现。这个中间目标包括数感、量感、符号意识、运算能力、几何直观、空间观念、推理意识与推理能力、数据意识与数据观念、模型意识、应用意识、创新意识等。第三层目标是达成核心素养主要表现的支撑性目标,也就是大家熟悉的"四基""四能"目标,可以用图 10-1 直观显示这个目标体系的层次、结构及相互连接关系。

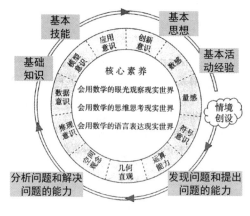

图10-1 目标体系

创新意识的核心是问题，而问题是数学的核心。因此，我们培养学生的创新意识的实质是"发展运用数学知识与方法发现、提出、分析和解决问题的能力"（简称"四能"）。而在数学学习与研究中，"发现问题"与"提出问题"就是"提出数学命题与猜想"，再加以验证就是"分析问题和解决问题"。曹培英教授认为，创新是在特定数学知识积累基础上所迸发的灵感，是对数学基础的超越和升华，是一个量变到质变的过程。创新意识是不可能教出来的，而是通过日积月累地熏陶，生态化地滋养而培养出来的。两个版本的课程标准也提出培养的方法与途径：归纳概括（2011）、运用归纳和类比（2022）。

第 2 节 从形变到质变　由学会到会学
——对2021年中考浙江金华卷第23题的解析

2019 年 11 月 22 日教育部发布《关于加强初中学业水平考试命题工作的意见》（以下简称《意见》）指出，初中学业水平考试命题要发挥引导教育教学作用，引导教师积极探索基于情境、问题导向、深度思维、高度参与的教育教学模式，引导学生自主、合作、探究学习。以素养为导向，提升试题科学化水平，已成为各地中考试题命制的方向与共识。下面对 2021 年中考浙江金华卷第 23 题进行评析，从中获得了一些有益启示。

◎2.1 原题

背景：点 A 在反比例函数 $y = \dfrac{k}{x}$（$k > 0$）的图象上，$AB \perp x$ 轴于点 B，$AC \perp y$ 轴于点 C，分别在射线 AC, BO 上取点 D, E，使得四边形 $ABED$ 为正方形。如图 10-2，点 A 在第一象限内，当 $AC = 4$ 时，小李测得 $CD = 3$.

探究：通过改变点 A 的位置，小李发现点 D, A 的横坐标之间存在函数关系。请帮助小李解决下列问题：

（1）求 k 的值.

（2）设点 A，D 的横坐标分别为 x，z，将 z 关于 x 的函数称为"z 函数"。如图 10-3，小李画出了 $x > 0$ 时"z 函数"的图象.

①求这个"z 函数"的表达式；

②补画 $x < 0$ 时"z 函数"的图象，并写出这个函数的性质（两条即可）；

③过点 $(3,2)$ 作一直线，与这个"z 函数"图象仅有一个交点，求该交点的横坐标.

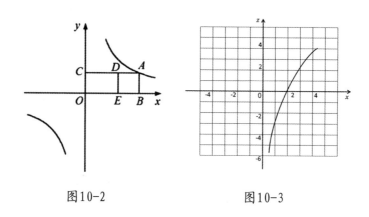

图10-2　　　　　　　图10-3

◎2.2 评析

2.2.1 回归本源——考查对函数概念的理解

第（1）问求反比例函数 $y = \dfrac{k}{x}$ （$k > 0$）中 k 的值，求出点 A 坐标代入即可，是对"待定系数法"基本技能的考查。第（2）问引入的新函数——"z 函数"，从题目给出的部分图像可知，这并不是熟知的三大函数（一次函数、反比例函数、二次函数）之一。学生欲求"z 函数"的表达式，待定系数法"一设二代三求"的解题套路显然无能为力，必须回归对函数本质的理解：函数是蕴含于变量之间的一种依存关系。求"z 函数"的表达式应从 z 与 x 两者之间的关系入手，结合图 10-2 易得几何等量关系 $CD + DA = CA$，而由四边形

$ABED$ 为正方形得 $DA = AB$，所以 $CD + AB = CA$，将几何等量关系"坐标化"即为 $z + \dfrac{4}{x} = x$，故"z 函数"的表达式为 $z = x - \dfrac{4}{x}$。

函数是中学数学的核心内容，也是历年中考的重点和热点。根据 2020 年广东省初中学业水平考试数学试题评析的统计分析，"三大函数（一次函数、反比例函数、二次函数）"是广东省初中学业水平考试数学的高频考点。在各地的初中学业水平考试数学试题中，对函数考查的主要方向是函数的图像与性质、函数与几何的综合、函数的实际应用。这些考题是运用"已知"的图形性质、"已有"的函数模型去解决问题，是对旧知的记忆与运用，在一定程度上考查了学生的运算能力、推理能力、分类讨论思想和应用意识等。本题要求学生探索"未知"函数求表达式、性质与图像等，是基于函数概念的理解对"新知"进行探索，考查了学生对函数概念的理解。义务教育阶段函数的学习，在学习"三大函数"基础上，形成利用函数的观点认识现实世界的意识，让学生会用函数的眼光观察世界、会用函数的思维思考世界、会用函数的语言表达世界。

2.2.2 累积经验——考查研究函数一般方法的掌握

第（2）问的第②小问，要补画 $x < 0$ 时"z 函数"的图象，并至少写出这个函数的两条性质。学生没有"完成"的知识可供凭借，需要利用"经验"对新函数进行研究。根据一次函数、反比例函数和二次函数的学习研究经验，研究函数的一般方法和步骤是：画函数图象、观察归纳特征、数学语言描述性质。由"z 函数"表达式，易画它的图象；而对函数图象的研究可从图象的形状、位置、增减性（单调性）、对称性等角度进行观察，最后用数学语言概括与描述如下：

a. 函数的图象是由两个分支组成的曲线（形状）；

b. 函数的图象关于直角坐标系的原点成中心对称（对称性）；

c. 当 $x > 0$ 时，函数值 z 随自变量 x 的增大而减小；当 $x < 0$ 时，函数值 z 随自变量 x 的增大而增大（增减性）。

基础知识、基本技能主要表现为结论性知识、事实性知识，基本思想、基本活动经验主要表现为在数学活动中形成和积累的过程性知识、策略性知识。从学生的数学素养培养来看，它并非单纯地通过接受数学事实性知识来实现，它更多地需要通过对数学思想的领悟，对数学活动经验的积累及条理化以及对数学知识的自我组织等活动来实现。数学教学要克服"双基"教学中过于表层、追求熟练、缺乏对数学本质理解的弱点，让数学的思维方法、研究方法铭刻在头脑中，并内化成为让学生受益终生的必备品格和能力，就要引导学生对"所学知识""所经历的活动"进行概括与归纳，并将其上升到一般的思想方法、原理观念。

2.2.3 学以致用——考查问题解决能力

通过关系分析得出函数表达式，再结合图象观察归纳函数性质，最后应用此函数去解决相关的问题，这是研究函数的"基本套路"。在①②小问的基础上，第③小问则要求利用"新知识"解决"旧问题"：求直线与函数图象的交点。由几何直观可知，当直线与"z 函数"图象仅有一个交点时，存在"相交"与"相切"两种情况：

a. 第一种情况（相交）："z 函数"图象不与 y 轴相交，故平行 y 轴的直线与"z 函数"图象仅有一个交点，且直线过点（3，2），可得交点的横坐标为 3。

b. 第二种情况（相切）：若从图形的角度则难于求出切点，可转换为用代数的方法求解，考查学生对数形结合思想的领悟。可设直线的表达式为 $z' = mx + b(m \neq 0)$，将点（3，2）代入可求得 $b = -3m + 2$，故 $z' = mx - 3m + 2$；联立两函数表达式可得含 m 的方程 $x - \dfrac{x}{4} = mx - 3m + 2$，转化为整式方程得 $(m - 1)x^2 + (2 - 3m)x + 4 = 0$；当整式方程仅有一个解时，直线与函数图象仅有一个交点，求得交点的横坐标为 4 或 2 或 6。

初中学业水平考试主要衡量学生达到国家规定学习要求的程度，既要注重考查基础知识、基本技能，还要注重考查思维过程、创新意识和分析问题、解决问题的能力。"旧知识"应用于"新问题情景",注重的是问题解决中的知识迁移与运用。本题是"新知识"应用于"旧问题情景",让学生不囿于原有知识藩篱或固有的思维模式,使得学生更关注于问题解决的数学策略、思路、方法等。

◎2.3 启示

2.3.1 考查内容由"形变"向"质变"的递进

在《意见》颁布之前,《考试大纲》和"历年中考试题"是复习备考两大必备资料,认真研究《考试大纲》和"历年中考试题"是复习备考的成功经验和基本要求。《考试大纲》指明了考试内容与范围,即明确了"考什么";"历年中考试题"则蕴含了考查的形式与方法,即提供了"怎么考"的示范样例。相同的知识点,不同年份的试题只是考查形式的变化(形变),而考查的内容实质没有变化(质变)。例如,广东省 2017—2019 年中考试题的解答题部分对"方程与不等式"的考查(表 10-2)。

表 10-2 广东省2017—2019年中考试题的解答题(节选)

年份	题号分值	试题	考查内容
2017	19(6分)	学校团委组织志愿者到图书馆整理一批新进的图书,若男生每人整理 30 本,女生每人整理 20 本,共能整理 680 本;若男生每人整理 50 本,女生每人整理 40 本,共能整理 1240 本。求男生、女生志愿者各有多少人?	列方程组解应用题
2018	20(8分)	某公司购买了一批 A、B 型芯片,其中 A 型芯片的单价比 B 型芯片的单价少 9 元,已知该公司用 3120 元购买 A 型芯片的条数与用 4200 元购买 B 型芯片的条数相等。 (1)求该公司购买的 A、B 型芯片的单价各是多少元? (2)若两种芯片共购买了 200 条,且购买的总费用为 6280 元,求购买了多少条 A 型芯片?	列不等式解应用题

续表

年份	题号分值	试题	考查内容
2019	21(8分)	某校为了开展"阳光体育运动",计划购买篮球、足球共60个,已知每个篮球的价格为70元,每个足球的价格为80元。 (1)若购买这两类球的总金额为4600元,求篮球、足球各买了多少个? (2)若购买篮球的总金额不超过购买足球的总金额,求最多可购买多少个篮球?	列方程组解应用题

通过对比发现,2017—2019年中考试题考查的是"根据具体问题中的数量关系列出方程(组)、不等式(组)"的建模能力和"解方程(组)、解不等式(组)"的运算技能。不同年度的考题只是问题情境和数据的不同,对考生的能力要求没有实质性的改变。这在一定程度上导致在复习备考中出现"为考试而考试"的短视行为:只关注"能列会算"等基本技能的操练,忽略对方程、方程的解等概念的理解与思考。而在广东省2020年的中考试题中,除基础知识、基本技能的考查外,还加强了对概念本质理解的考查:

(2020年广东中考数学第21题)已知关于 x,y 的方程组

(Ⅰ) $\begin{cases} ax+2\sqrt{3}\,y=-10\sqrt{3} & ① \\ x+y=4 & ② \end{cases}$ 与(Ⅱ) $\begin{cases} x-y=2 & ③ \\ x+by=15 & ④ \end{cases}$ 的解相同。

(1)求 a,b 的值;

(2)若一个三角形的一条边的长为 $2\sqrt{6}$,另外两条边的长是关于 x 的方程 $x^2+ax+b=0$ 的解.试判断该三角形的形状,并说明理由.

对"两个二元一次方组的解相同"的理解是解答本题的关键。"解相同"可以理解为两个方程组有"公共解"或"相同解"。两个方程组的"公共解"既满足方程组(Ⅰ),也满足方程组(Ⅱ);满足方程组(Ⅰ)的解是方程①②的解,满足方程组(Ⅱ)的解是方程③④的解。那么这个"公共解"是方程②③的共同解,方程组(Ⅲ) $\begin{cases} x+y=4 \\ x-y=2 \end{cases}$ 的解是①②③④方程的解。

面对此问题,学生没有固定的解题模式可模仿。因此,在复习备考中也

就不能只是"死抠"题型，而要注重对数学概念本质的理解，以不变应万变。中考考查的内容与形式是由"形变"到"质变"的递进，体现了"在新课标与高考评价体系的指引下，以高考为代表的大规模中学数学考试命题正在发生从能力立意到素养导向的重要转变"。

2.3.2 考查要求由"学会"向"会学"演进

学习是人类的生存的本能，也是人类需要不断学习提高的能力，以适应不断发展变化的环境。2016 年，北京师范大学相关课题组发布的《中国学生发展核心素养》总体框架指出，学会学习是自主发展素养的基本要点。课堂教学除了让学生"学会"具体知识、掌握特定技能，还要在知识技能的基础上培养关键能力，形成能够适应终身发展和社会发展需要的素养。用什么方式引导学生的数学思维活动，使学生在掌握知识的过程中学习数学思考方法，从学会思考逐步走向学会学习，是教材编写中需要认真思考和落实的主要任务。作为"指挥棒"的中考试题，除了考查学生是否"学会"了基础知识与基本技能，更要引导学生在学习中"学会学习"，即"会学"。例如，2020 年贵州省遵义市中考数学第 10 题：

构建几何图形解决代数问题是"数形结合"思想的重要性，在计算 $\tan 15°$ 时，如图 10-4，在 Rt $\triangle ACB$ 中，$\angle C = 90°$，$\angle ABC = 30°$，延长 CB 使 $BD = AB$，连接 AD，得 $\angle D = 15°$，所以 $\tan 15° = \dfrac{AC}{CD} = \dfrac{1}{2+\sqrt{3}} = \dfrac{2-\sqrt{3}}{(2+\sqrt{3})(2-\sqrt{3})} = 2 - \sqrt{3}$．类比这种方法，计算 $\tan 22.5°$ 的值为（　　）

A. $\sqrt{2} + 1$　　B. $\sqrt{2} - 1$　　C. $\sqrt{2}$　　D. $\dfrac{1}{2}$

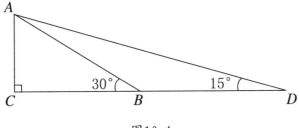

图10-4

学生要解决本题，除了掌握含根式的分式化简，关键是通过题目给出的示例，学习领会其构造的方法，然后应用于所求的问题。此题考查的不是学生对具体知识技能的理解与掌握，而是对新知识的理解、迁移、运用的能力。学习能力需要在学习过程中培养，但不能仅停留于基础知识的记忆、基本技能的操练，还要对学习过程进行审视与反思，习得适合自己的科学的学习方法与策略，提升自我评估与调控的元认知水平，养成注重学习的学习习惯与品格意识，实现由"学会"向"会学"的演进。

第3节 提升转化自觉 优化解题过程
——以2019年广东省中考数学第23题为例

◎3.1 原题呈现

（2019年广东）如图10-5，一次函数 $y = k_1x + b$ 的图象与反比例函数 $y = \dfrac{k_2}{x}$ 的图象相交于 A,B 两点，其中点 A 的坐标为 $(-1,4)$，点 B 的坐标为 $(4,n)$.

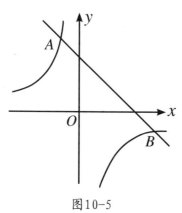

图10-5

（1）根据图象，直接写出满足 $k_1x + b > \dfrac{k_2}{x}$ 的 x 的取值范围；

（2）求这两个函数的表达式；

（3）点 P 在线段 AB 上，且 $S_{\triangle AOP}:S_{\triangle BOP} = 1:2$，求点 P 的坐标。

◎3.2 解法分析及评述

第（1）（2）问属于基础题，在此不做讨论，下面分析第（3）问的解题过程。

解法一（参考答案）：如图 10-6，连接 OA, OB，AB 与 y 轴的交点为 $C(0,3)$，

$$S_{\triangle AOB} = \frac{1}{2} OC \times (|x_A| + |x_B|) = \frac{1}{2} \times 3 \times (1 + 4) = 7.5, \ \text{又} \ S_{\triangle AOP} : S_{\triangle BOP}$$

$= 1:2$，得 $S_{\triangle AOP} = \frac{1}{3} \times 7.5 = 2.5$，$S_{\triangle BOP} = 5$.

又 $S_{\triangle AOC} = \frac{1}{2} \times 3 \times 1 = 1.5$，故点 P 在第一象限，从而 $S_{\triangle COP} = 2.5 - 1.5$

$= 1$，又 $OC = 3$，所以 $\frac{1}{2} \times 3 \times x_P = 1$，解得 $x_P = \frac{2}{3}$，所以点 P 的坐标为 $(\frac{2}{3}, \frac{7}{3})$.

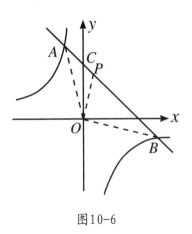

图 10-6

评述：这种解法主要采用"面积分割法"。第一次分割，以线段 OC 将 $\triangle AOB$ 分割为 $\triangle AOC$ 和 $\triangle BOC$，然后利用点 A、B 的坐标求得 $\triangle AOB$ 的面积；第二次分割，以线段 OP 将 $\triangle AOB$ 分割为 $\triangle AOP$ 和 $\triangle BOP$，然后利用"面积比"求得 $\triangle AOP$, $\triangle BOP$ 的面积；通过坐标求得 $\triangle AOC$ 的面积，从而得 $\triangle COP$ 的面积，再用面积公式求得点 P 的坐标。整个解题过程，两次用面积分割，再用"面积比"和坐标连续求三角形的面积，未采用转化策略，解题步骤较多，解题过程冗长，而且还要对点 P 的位置做讨论（大部分学生会忽略此环节），使

得解题过程变得繁杂。

解法二： 如图 10-7，连接 OA, OB，以 AP, BP 分别作为 $\triangle AOP, \triangle BOP$ 的底，则 $\triangle AOP$ 与 $\triangle BOP$ 的高相同，由 $S_{\triangle AOP}:S_{\triangle BOP}=1:2$ 得 $AP:BP=1:2$，设点 P 的坐标为 $(x_P, -x_P+3)$，由已知易得点 A, B 的坐标为 $(-1,4)$，$(4,-1)$ 由两点距离公式得

$$\frac{\sqrt{(-x_P+1)^2+(-x_P+3-4)^2}}{\sqrt{(4-x_P)^2+(-1+x_P-3)^2}}=\frac{1}{2}$$

解得 $x_P=\dfrac{2}{3}$，所以点 P 的坐标为 $\left(\dfrac{2}{3}, \dfrac{7}{3}\right)$.

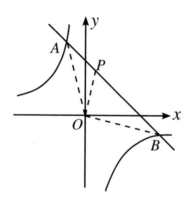

图 10-7

评述： 这种解法虽也采用了"分割法"，但并不直接求分割后的三角形面积，而是采用转化策略，将"面积比"转化为"线段比"，再利用两点距离公式列出方程，最后求出点 P 的坐标。相比于解法一，解法二从更高的思维层次和解题观点（解析法），用更一般的原理（两点距离公式）代替许多步骤，避免多次求三角形面积的麻烦，也避开对点 P 位置的讨论，解题过程简洁直接，浑然一体，充分突显以"数"研究"形"的特点和作用。这正是罗增儒教授所倡导的：用一个更一般的原理来代替现存的许多步骤，提高整个解题的观点和思维的层次。但由于义务教育阶段没有学习两点距离公式的内容，而且两点距离公式的计算量较大，学生较容易出现计算错误。为了减少计算

量，继续采取转化，得到解法三。

解法三： 如图 10-8，过点 B 作直线 BN 平行 x 轴，过点 A 作 $AC \perp BN$ 于点 C，过点 P 作 $PM \perp BN$ 于点 M。因为 $AC /\!/ PM$，由平行线成比例定理得 $CM : BM = AP : BP = 1 : 2$. 设点 P 的横坐标为 x_P，得 $CM = x_P - (-1) = x_P + 1$，$BM = 4 - x_P$，所以 $\dfrac{x_P + 1}{4 - x_P} = \dfrac{1}{2}$，易解得 $x_P = \dfrac{2}{3}$，所以点 P 的坐标为 $\left(\dfrac{2}{3}, \dfrac{7}{3}\right)$.

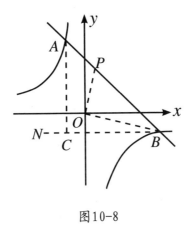

图 10-8

评述： 这种解法既避开多次求面积之冗长，又摆脱运用两点距离公式计算之烦琐，使得解题过程更加简洁高效。由此，我们更能感叹转化思想的迷人魅力：化繁为简、化难为易。

◎3.3 转化自觉性

对比以上三种解法可发现，采用转化策略优化了解题过程，极大地提高了解题效率，但很多学生未能自觉运用转化，导致解题过程困难重重。这也再次让我们认识到既要重视基本知识、基本技能的教学，更要重视数学思想方法的渗透和数学活动经验的积累，而数学思想方法的学习重在领悟，内化成潜意识，自觉地运用。正如罗增儒教授所说："我从自己的解题实践和学生的学习效果中感到，有必要促成'天才的、不自觉的领悟'向'有意识的、自觉的领悟'转变。"那么如何才能促成这种"转变",提高转化自觉性呢?

3.3.1 明白转化意义——Why to do?

当我们知道做一件事的目的与意义时,哪怕做的过程非常艰辛,我们也觉得很开心,并尽最大的努力去完成它。我们要提高转化自觉性,首先就要理解转化的目的与意义,也就是"why to do"。这种对目的与意义的理解不是单纯靠课堂上口口相授获得,而需要在数学学习过程中一次次地让学生切身体会。

例如,解一元二次方程的实质就是将"高次方程"转化为"低次方程",将未知解法方程(二次方程)转化为已知解法方程(一次方程),使问题得以解决。"直接开方法""配方法""因式分解法"等只是转化技能,属于具体的数学方法。若只是为了掌握这些转化技能,学生只要模仿,多次重复即可。但如果要通过这些具体的转化技能,领悟背后的转化思想,就需要让学生明白:为什么要转化?转化的目的与意义何在?不转化行不行?当学生真正理解了这些转化操作的目的与意义,学习就上升到理解层次,从浅层次的模仿练习转为有目的、有意义的学习探究,从而提高运用的自觉性。

3.3.2 明确转化目标——where to go?

转化涉及"前后",所以要特别关注"转化对象"和"转化目标"的关联。当我们有明确的转化目标,也即知道"where to go"之后,将会集中精力在转化对象和转化目标之间的转化路径上,这就会缩小搜索范围,大大提高转化的效率和转化的自觉性。而"转化目标"一般选择为已知、熟悉、能求解的问题,当"转化对象"与"转化目标"之间的距离较远时,可以先设置"近距离目标",采用逐步转化策略。

例如,北师大版《义务教育教科书 数学 九年级 下册》第二章第3节例2,求解三元一次方程组.

$$\begin{cases} a-b+c=10 \\ a+b+c=4 \\ 4a+2b+c=7 \end{cases}$$

很多学生陷入方法选择上的迷茫：用"代入消元法"，还是用"加减消元法"？也有很多学生纠结于是用"加法"，还是用"减法"？还有很多学生转化过程凌乱，等等。这是因为学生没有明确用"消元法"的转化目标："多元"化"一元"。从"三元方程"转化到"一元方程"，距离较大，路途较远，因而可设置"近距离目标"——"二元方程"，再从"二元方程"转化为"一元方程"。只有明确了转化目标，才能制定转化路径，转化过程才能有条不紊。

3.3.3 明晰转化方法——How to do?

毋庸置疑，当我们掌握的转化方法越多，就越能顺利实施转化。例如，前面的解法三，既需要利用等高将"面积之比"转化为"线段之比"，还需要利用平行线分线段成比例将"线段之比"进行转化。如果不掌握这些具体转化的方法，也无法顺利完成转化。所以，在学生学习过程中，要注重方法经验的累积，而具体方法的习得，不只是机械记忆方法步骤，还需要明晰每一步骤的原理和作用，也就是"How to do"，才能在解决问题过程中自觉地运用、有效地迁移。

例如，解一元二次方程 $4x^2 + 4x - 3 = 10$，很多学生仍按部就班地先进行"将二次项的系数化为 1"的步骤，反而增大计算量，不利于问题的解决。其原因是学生不理解"二次项系数化 1"的作用：使构造"符合完全平方公式的二次三项式"简单化。这种只知算法（一做什么，二做什么，三做什么），而不知算理的操作方法，无法迁移应用于其他情境，使得在解决问题过程中空有转化的想法，而无转化的办法。

当然，要提升学生转化的自觉性，不可能短时间内达到，需要我们在教学中有意识地长期坚持，让学生明白转化意义、明确转化目标、明晰转化方法，转化才能成为一种内在的需要、自觉的行为。

参考文献

[1] 恩格斯 . 自然辩证法 [M]. 于光远等，译 . 北京：人民出版社，1984.

[2] 斯托利亚尔 . 数学教育学 [M]. 丁尔陞，译 . 北京：人民教育出版社，1984.

[3] 张奠宙，过伯祥 . 数学方法论稿 [M]. 上海：上海教育出版社，1996.

[4] 弗赖登塔尔 . 数学教育再探：在中国的讲学 [M]. 上海：上海教育出版社，1999.

[5] 曹才翰，章建跃 . 数学教育心理学 [M]. 北京：北京师范大学出版社，1999.

[6] 石钟慈 . 第三种科学方法：计算机时代的科学计算 [M]. 北京：清华大学出版社，2000.

[7] 中华人民共和国教育部 . 全日制义务教育数学课程标准（实验稿）[M]. 北京：北京师范大学出版社，2001.

[8] 梁建宁 . 基础心理学 [M]. 北京：高等教育出版社，2004.

[9] 鲍建生，周超 . 数学学习的心理基础与过程 [M]. 上海：上海教育出版社，2009.

[10] 邵光华 . 作为教育任务的数学思想与方法 [M]. 上海：上海教育出版社，2009.

[11] 史宁中 . 数学思想概论：图形与图形关系的抽象 [M]. 长春：东北师范大学出版社，2009.

[12] 中华人民共和国教育部 . 义务教育数学课程标准（2011 年版）[M]. 北京：北京师范大学出版社，2012.

[13] 史宁中 . 基本概念与运算法则：小学数学教学中的核心问题 [M]. 北京：高等教育出版社，2013.

[14] 戴维·A 苏泽 . 人脑如何学数学 [M]. 赵晖等，译 . 上海：上海教育出版社，2016.

[15] 周新林 . 教育神经科学视野中的数学教育创新 [M]. 北京：教育科学出版社，2016.

[16] 马复，章飞，王永会 . 义务教育教科书教师教学用书 . 数学 . 八年级 . 上册 [M]. 北京：北京师范大学出版社，2016.

[17] 人民教育出版社课程教材研究所中学教学课程教材研究开发中心 . 义务教育教科书教师教学用书 . 数学 . 七年级 . 上册 [M]. 北京：人民教育出版社，2017.

[18] 范火良，黄毅英，蔡金洁，等 . 华人如何学数学：新版 [M]. 南京：江苏凤凰教育出版社，2017.

[19] 中华人民共和国教育部 . 中小学幼儿园教师培训课程指导标准：义务教育数学学科教学 [M]. 北京：高等教育出版社，2019.

[20] 罗增儒 . 解题分析：分析解题过程的四个方面 [J]. 中学数学教学参考，1998（6）：18-19.

[21] 夏体智 . 初中学生几何学习中的认知障碍分析 [J]. 上海中学数学，2002（1）：14-16.

[22] 马云鹏，史炳星 . 认识数感与发展数感 [J]. 数学教育学报，2002，11（2）：46-49.

[23] 郑毓信 . "数感""符号感"与其它：《课程标准》大家谈 [J]. 数学教育学报，2002，11（3）：30-32.

[24] 张奠宙，李士锜 . 关于"运算能力"的调查研究：2002 数学教育高级研讨班研讨成果 [J]. 数学教育学报，2003，12(2)：46-49.

[25] 宁连华 . 数学推理的本质和功能及其能力培养 [J]. 数学教育学报，2003(3)：42-45.

[26] 何小亚. 全日制义务教育阶段数学课程标准（实验稿）刍议 [J]. 数学教育学报，2003，12（1）：45-49.

[27] 叶蓓蓓. 对数感的再认识与思考 [J]. 数学教育学报，2004，13（2）：34-36.

[28] 罗增儒. 学会学解题（续）：写在《数学解题学引论》第4次印刷 [J]. 中学数学教学参考，2004（10）：16-18.

[29] 藤发祥. 数感及其教育价值 [J]. 课程·教材·教法，2004，24（12）：47-50.

[30] 詹国梁. 数感的特性 [J]. 苏州教育学院学报，2005（4）：78-78.

[31] 周治金，赵晓川，刘昌. 直觉研究述评 [J]. 心理科学进展，2005，13（6）：745-751.

[32] 李斌，母建军. 运用化归思想方法的若干原则 [J]. 数学通报，2005，44(8)：52-53.

[33] 张广祥，张奠宙. 代数教学中的模式直观 [J]. 数学教育学报，2006，15(1)：1-4.

[34] 史宁中，吕世虎. 对数感及其教学的思考 [J]. 数学教育学报，2006，15（2）：9-11.

[35] 徐文彬，喻平. "数感"及其形成与发展 [J]. 数学教育学报，2007，16（2）：8-11.

[36] 徐斌艳. 中德学生数学建模能力水平的比较分析 [J]. 上海教育科研. 2008（8）：66-69.

[37] 孔凡哲. 基本活动经验的含义、成分与课程教学价值 [J]. 课程·教材·教法，2009，29(3)：33-38.

[38] 赵思林，朱德全. 试论数学直觉思维的培养策略 [J]. 数学教育学报，2010，19（1）：23-26.

[39] 徐彦辉. 论数学计算及其教学 [J]. 数学教育学报，2011，20(4)：19-22.

[40] 郭民，史宁中. 小学生数感发展规律与特征的实证研究及其启示 [J].

数学教育学报，2011，20（1）：23-25.

[41] 刘道宽．加强图形教学，提高几何证题能力 [J]．中学生数理化（教与学），2012（1）：91-91.

[42] 罗秋梅．浅谈初中几何数学中发散思维的训练 [J]．西部大开发（中旬刊），2012（3）：137-137.

[43] 连四清，方运加．"合情推理" 辨析 [J]．课程·教材·教法，2012，32(5)：54-57.

[44] 孔凡哲，史宁中．关于几何直观的含义与表现形式：对《义务教育数学课程标准 (2011 年版)》的一点认识 [J]．课程·教材·教法，2012,32(7)：92-97.

[45] 曹培英．跨越断层，走出误区："数学课程标准"核心词的实践解读之七：推理能力（上）[J]．小学数学教师，2014(7/8)：87-94.

[46] 缪素萍．数感：从"边缘"走向"中心"[J]．江苏教育，2014（19）：38-40.

[47] 任伟芳，偶伟国，龚辉，等．"工具性理解""关系性理解"和"创新性理解"[J]．数学教育学报，2014,23(4)：69-73.

[48] 史月杰．样例的呈现方式对学生学习排列知识的影响的实验研究 [J]．数学教育学报，2014，23（2）：69-72.

[49] 沈威，曹广福．数学估计及中国数学课程标准对其的培养要求 [J]．数学教育学报，2015，24（4）：33-39.

[50] 吴增生，李吉宝．数学教学中估算与精算相结合原理初探 [J]．数学教育学报，2015，24（5）：78-83.

[51] 郑庆全．当前估算教学：存在问题与解决策略 [J]．数学教育学报，2015，24（3）：96-101.

[52] 徐斌艳．德国高中数学教育标准的特点及启示 [J]．课程·教材·教法，2015,35(5)：122-127.

[53] 陈晓燕．把握转化三要素，有效渗透转化思想：以"平行四边行的

面积"一课为例 [J]. 小学数学教育，2016（23）：9-10.

[54] 章建跃. 树立课程意识，落实核心素养 [J]. 数学通报，2016（5）：1-4.

[55] 何小亚. 数学核心素养指标之反思 [J]. 中学数学研究（华南师范大学版），2016(13)：53+1-4.

[56] 史宁中. 试论数学推理过程的逻辑性：兼论什么是有逻辑的推理 [J]. 数学教育学报，2016,25(4)：1-16+46.

[57] 任子朝. 从能力立意到素养导向 [J]. 中学数学教学参考，2018(5)：1.

[58] 朱立明，胡洪强，马云鹏. 数学核心素养的理解与生成路径：以高中数学课程为例 [J]. 数学教育学报，2018,27(1)：42-46.

[59] 崔允漷. 指向学科核心素养的教学，即让学科教育"回家" [J]. 基础教育课程，2019（2）：5-9.

[60] 何小亚. 追求数学素养达成的教学设计标准与案例 [J]. 中学数学研究，2019（2）：1-8.

[61] 仲秋月. 我国目前数学推理研究综述 [J]. 小学教学参考，2019(20)：52-54.

[62] 王建磐. 历史视角下的数学素养：讲好我们自己的故事 [J]. 数学教育学报，2019，28（3）：1.

[63] 郑欣，程靖. 20 世纪以来中国初中数学课程标准中推理论证能力的变化及启示 [J]. 数学教育学报，2019,28(3)：24-29.

[64] 黄健，鲁小莉，王鸯雨，等. 20 世纪以来中国数学课程标准中数学建模内涵的发展 [J]. 数学教育学报，2019,28(3)：18-23+41.

[65] 罗增儒. 数学解题的水平划分 [J]. 中学数学教学参考（上旬），2020（3）：2-4.

[66] 何伟，董连春，法旭，等. 南疆小学生数学运算错误类型及分析：基于新疆大规模测评数据 [J]. 数学教育学报，2020,29(1)：70-75+80.

[67] 郑雪静，陈清华，王长平，等. 高中生直观想象素养的测量与评价研究 [J]. 数学教育学报，2020,29(4)：7-12.

[68] 严卿，喻平. 初中生逻辑推理能力的现状调查 [J]. 数学教育学

报，2021, 30(1)：49-53+78.

[69] 林胜威. 数感的修订变化与内涵认识 [J]. 数学教育学报, 2021, 30(6):69-73.

[70] 吴立宝，辛思佳. 数据分析素养发展的历史脉络与经验启示 [J]. 课程·教材·教法, 2021, 41(3)：69-75.

[71] 陈建明，孙小军，杨博谛. 数据分析素养的评价框架与实施路径研究 [J]. 数学教育学报, 2022, 31(2)：8-12+57.

[72] 马玲. 小学生数感培养的策略研究 [D]. 海口：海南师范大学，2014.

[73] 周宇剑. 提高职高学生数学运算技能的研究与实践 [D]. 长沙：湖南师范大学，2007.

[74] 海榕. 农村小学培养学生空间观念现状与对策研究 [D]. 长春：东北师范大学，2021.